我們想要的未來❻

SDGs

聯合國永續發展目標**台灣實踐案例**

ESG 永續報告的內涵與行動教材

何昕家 主編

何昕家、杜嘉玲、周芳怡、尚君璽、洪銘德、馬嘉賢、高秋香、張凱銘
陳鳳涵、游曉薇、舒　玉、黃天麒、鄭岳和、樹冠影響力投資、蕭　戎 合著

CONTENTS

特別收錄

共同推薦

凝聚永續發展實踐經驗，
解決台灣未來可能問題

哲學家羅素說：「如果不是解決方案的一部分，就是問題的一部分。」

"If you're not part of the solution, you're part of the problem."

昕家在《我們想要的未來② SDGs 最實用課程設計》出版後，鑑於台灣在近幾年永續發展全面推展擴散，企業組織透過 ESG 中的 G（治理），發現既有長年深耕的事務以及新創發展方向是促進永續發展的實踐，昕家號召志同道合的夥伴，匯集台灣本土永續實踐個案，特別處在於每個案例最終提供給企業組織參考方向，同時也提供給教育工作者永續發展教育實踐建議。

期待本書一個個動人故事為開端，大家一起發掘台灣這一塊土地上更多的行動，更期待各界參與者也積極熱情分享既有經驗。如開頭所言，讓我們共同以永續發展實踐行動，凝聚成為台灣未來可能問題的解決方案！

監察委員　范巽綠

自 2019 年在何昕家教授「Future is Now!」演講受到啟發，我便開始將 SDGs 導入明道中學教育，包含融入校園環境設施、課程、評量及學生專題等，連續兩年獲得行政院國家永續獎肯定，也因此開始受邀分享推動永續教育的經驗。

期間最常被問到的問題就是「怎樣才算是在推動 SDGs？」而答案就在本書中！藉由每個目標的案例分享與行動指引，讓企業、學校有心推動者得以向典範學習，共同為永續發展做出貢獻。

明道中學 校長　汪大久

教育是推動永續發展的關鍵力量；高品質的永續教育可以提高大眾的永續發展意識與覺知，深植永續發展的價值觀、行為和生活方式，培養實踐永續發展的能力和責任感，及推進永續性的未來和積極的社會轉型。本書以 17 個永續發展目標（SDGs）的實務範例，說明永續發展的做法，並提供企業營運及學校教育的執行建議，很值得參考。

臺灣師範大學永續管理與環境教育研究所 教授　張子超

臺中科技大學在百餘年歷史中，蛻變中回應時代使命，時至今日，以永續發展理念貫穿治校核心：善的循環，以永續發展強調公平正義彰顯社會責任，以及最終永續發展強調行動實踐，將以善的循環、社會責任、永續行動開展本校核心作為。

本校廣大校友有積極投入永續發展的實踐，以 ESG 為關鍵途徑，主編昕家號召跨校教師社群共同挖掘台灣不同組織規模的個案，相信這只是冰山一角，拋磚引玉，號召更多組織企業一起為下一世代永續未來努力。

臺中科技大學 校長　陳同孝

如果世界是太平的，我們不需要因應氣候變遷，石雕何必推動循環經濟與資源生產力，不需要積極推動人權保障、性別平等、族群融合、縮小貧富落差、職場條件改善與供應鏈管理的永續性。17 個聯合國永續發展目標，其實就是世界沒有明天的 17 個大麻煩。

感謝何昕家教授透過系列案例為大家點燈照路，拋磚引玉的效應期待可以激發更多可落地的創新方案，能力挽狂瀾才是王道。

安侯永續發展顧問股份有限公司 董事總經理　黃正忠

永續發展目標並不遙遠，也不必然是成本高昂的大工程。只要有心，每個人都可以投入，進而創造出豐沛的成果。

多年來，我們基金會藉由倡議、舉辦課程、獎項，見證了許多令人敬佩、且鼓舞人心的案例，也透過論壇、博覽會促進這些永續標竿與社會對話。

欣見何昕家教授團隊整理許多精彩的實踐案例（Best Practice）出版這本著作，推薦個人或組織都能透過閱讀，從中得到啟發，找到各自得以貢獻的空間，一起加入實踐永續目標的行列。

台灣永續能源研究基金會（TAISE）董事長　簡又新

前言
為下一世代永續未來實踐
何昕家

聯合國自 1972 年 6 月 5 日在瑞典的斯德哥爾摩首次召開聯合國人類環境會議，針對全人類面對環境議題商討因應對策，直到 1987 布倫特蘭在聯合國大會上發表《我們共同的未來》（Our Common Future）報告，正式定義「永續發展」：滿足當代的需求，而不影響未來世代滿足其需求之能力的發展。

在「永續發展」上位與抽象的概念下，直到 2000 年，聯合國指出未來每 15 年需要訂定全人類邁向永續發展需要面對的課題，為共同努力的方向的目標，首次提出千禧年發展目標（Millennium Development Goals, MDGs），到了 2015 緊接著提出目前大家耳熟能詳的永續發展目標（Sustainable Development Goals, SDGs）。

藉由前面簡述，瞭解到人類邁向永續發展道路上，從上位抽象的概念，逐漸具體逐步實踐，本書藉由實踐初衷，希冀尋找台灣努力邁向永續發展實踐的案例。過往我們常常看見與聽見國際上努力進行永續實踐的案例，台灣在整體發展過程，也逐漸開出本土，甚至是國際企業實踐永續發展的案例。

目前台灣永續發展實踐的案例百花齊放，本書也因為篇幅因素，僅能收錄部分實踐案例，一定有其遺珠之憾，但仍希望本書能拋磚引玉，引發更多永續實踐的行動與作為，希冀能建構永續發展實踐交流平台，讓更多案例在此平台上被看見與相互支持。

本書希冀帶給大眾瞭解目前台灣為永續發展實踐就在我們的生活周遭，更期盼對於以下兩種對象有實質且具體幫助。

第一對於組織，可以瞭解到不同組織如何實踐永續發展，同時希望拋磚引玉，可能從中回到組織內部檢視有哪些做為就是在實踐永續發展，也可能開創出創新永續發展實踐構想。

第二對於教育工作者，透過實踐案例，讓教育工作者帶給學習者瞭解到，永續發展不會只是口號，而是要付諸實踐與行動，書中案例只是實踐案例冰山一角，鼓勵學習者發覺更多實踐案例，同時也鼓勵學習者投入實踐行動。

在人類追求永續發展的道路上，從抽象的理念逐步轉化為實際的實踐，我們見證了集體努力所取得的成就。自從聯合國於數十年前首次召開人類環境會議，到如今千禧年發展目標和永續發展目標的提出，彰顯了全球共同關注環境、社會和經濟的決心。台灣在此過程中嶄露頭角，逐漸融入國際舞台，展現其在永續發展實踐中的堅持與創新。

本書的出版，更是希望能成為拋磚引玉的啟示與催化劑。藉由呈現不同領域的永續發展實踐案例，我們以實際行動為證，證明永續發展不再只停留在理論與口號，而是一場需要踏出實際步伐的關鍵運動。在有限的篇幅中，這本書或許無法囊括所有案例，然而我們期待能在您心中激起更多可能性的思索。

無論是組織領袖、從業人員，抑或是教育工作者，每個人都可以在這本書中找到鼓舞和方向。組織可以藉此反思、創新，並實踐永續發展的使命；教育工作者可以藉由案例將理論轉化為實踐，啟發學生的積極參與。我們的行動，將在永續發展的浪潮中持續推進，為未來的世代締造更美好、更永續的未來。

讓我們攜手邁向這個更具包容性、更繁榮的未來，繼續深化對永續發展實踐的承諾，讓我們的行動成為啟發世界的典範。我們不僅僅是覺察者，更是推動者，為實踐永續未來共同奮鬥。

1 消除貧窮

執筆者 高秋香

「舊鞋救命國際基督關懷協會」協助弱勢族群能夠維持基本生活需求，逐步邁向經濟獨立，脫離貧窮。
（照片提供：舊鞋救命國際基督關懷協會）

每年 10 月 17 日「國際消除貧困日」（International Day for the Eradication of Poverty），聯合國期望各國提出「消除貧窮」具體活動，喚起對全球貧富懸殊問題的關注與援助，讓世界越來越少人因貧窮所苦。

因此，「消除貧窮」是聯合國永續發展目標的首要目標，貧窮非但是社會問題，也是發展問題，貧窮會嚴重影響人們的健康、生活和教育機會的平等。

為解決全球貧窮困境，聯合國於千禧年（2000）宣布 8 大發展目標（簡稱 MDGs）來改善世界上極端貧窮的狀況，以消除貧窮為第 1 個目標，並限定於 2015 年前達成預定目標。然而，貧窮不是單純的問題，會因著社會問題而變得更嚴峻。

接著，2015 年聯合國再提出以「不遺漏任何人」（Leave No One Behind）為核心理念的 17 項永續發展目標（簡稱 SDGs），在人類領域方面，期望消除一切形式和程度的貧窮與飢餓，確保所有人能夠平等與有尊嚴地生活在健康環境中發展；並以人為中心、具性別敏感度、尊重、保護及促進人權，尤其是關注最貧窮及最脆弱的人群。

SDG 1 期待每個國家要關注自己的經濟及社會發展，並應將之視為首要根本的責任。對於各國發展援助資金支持外，更應重視教育訓練在地化，透過輔導培訓使貧窮的人群能經濟自主消除貧窮。該目標的實現需要政府、民間企業和社會各界的參與，透過合作和創新，共同推動可持續發展，為貧窮問題找到更好的解決方法。

案例一　舊鞋救命國際基督關懷協會　幫助非洲貧困村民免被沙蚤奪命

The ones among you who will be really happy are those who have sought and found how to serve.

~ Albert Schweitzer

正如非洲之父史懷哲所言，「每個真正幸福的人，是那些已經尋找到如何服務他人的人。」舊鞋救命國際基督關懷協會，透過舊鞋翻轉您我的生命，更翻轉長期被困在世代貧窮中的偏鄉。

東非地區流行「沙蚤病」，病源蟲「沙蚤」以吸食動物血液維生，沙蚤易寄生在赤腳上，造成雙腳千瘡百孔，甚至引發敗血症，嚴重者需截肢，被東非當地人視為惡魔的詛咒，也成為一種「貧窮的循環」。

擁有一雙全腳包覆的鞋可以幫助他們隔離沙蚤依附在腳上，加上適當

的醫療與衛生教育更可幫助脫離沙蚤寄生的循環。但對於每日收入僅
2 美元的赤貧地區，想要人人有鞋穿是白日夢。

有鑑於此，舊鞋救命國際基督關懷協會於 2014 年發動「舊鞋救命」及
2022 年「募資地板計畫」兩項計畫，展開送鞋子到非洲、治療被沙蚤
寄生的居民與採自然工法製作環保地板等改善沙蚤病的問題，進一步
推動「養雞農耕計畫」及「有機農法改善貧瘠技術」等，成為當地長
遠的祝福，為貧困村民的生活，帶來全面的改變與翻轉貧窮的循環。

在此摘錄一段來自受贈者的感謝信內容：「我以前也有沙蚤在我的腳
裡，但穿上你們給的鞋子後，我不會再赤腳踩在泥沙，沙蚤也不會跑
到腳上。未來想成為一位飛行員，因為我想看看這個世界，想要到處
走走認識我的人生，或是跟你們一樣，到不同的國家或是遙遠的地方，
去幫助有需要的人。」

完成治療的孩童，可以挑選合適且足以保護雙腳的一雙鞋子。
（照片提供：舊鞋救命國際基督關懷協會）

📖 **小字典**

沙蚤症，英文為 Dermatophilosis，俗稱雨霉病、雨癬，是一種由革蘭氏陽性、兼厭氧的一種放線菌（Actinomycete）感染所造成的皮膚疾病。

案例二 | **生態綠
用公平貿易商品，打破貧窮的循環**

生態綠秉持「匯聚微小善念，創造美好世界」的理念，實踐 CSR、ESG 與 SDGs，透過公平貿易，發揮 Taiwan Can Help 的精神，讓世界看見台灣。

貧困對於社會引起的問題一直是各國致力解決的弊病，想解決貧窮並不是簡單地用收入不足來衡量，貧窮展現的問題不只是錢，還有人權、教育、醫療等等延伸。許多生活在貧困中的人尊嚴被剝奪和不受尊重。加上近年氣候變遷、新冠肺炎疫情及戰爭等威脅，對貧苦的人構成生存的最基本問題。

要打破貧窮的循環，公平貿易是其中一條出路，給他魚吃不如教他釣魚！生態綠相信貧窮並非支援金錢就足夠消除，也須提供貧困者能夠翻轉的知識與技能，提供一種永續的方法來改善經濟不利的生計，讓他們擁有獨立自主的經濟能力，不再需要依靠捐款者的援助，才能夠獲得尊嚴與真正脫離貧窮。然而，在公平貿易體系中，生產者只是其中一個齒輪，身為消費者的我們也必須加入這個體系，透過消費一筆公平貿易商品，就能一點一滴消除貧窮！

貧窮與發展，戰爭與療癒，歧視與改變，在非洲土地上不斷掙扎上演。公平貿易不是援助，是建立夥伴關係，協助最邊緣者獲得尊嚴與權利，激發轉變，培育力量。

Daniel 是生態綠巴布亞紐幾內亞（PNG）的咖啡合作社經理，他細數社區發展的變化：「有乾淨的水源經過修繕的房屋，還有咖啡去皮機改善咖啡品質，這些都來自公平貿易發展金，以前社區一片黑暗，現在，公平貿易把陽光帶進來了。」

📖 小字典

1. 企業社會責任（Corporate Social Responsibility，簡稱 CSR），是一種道德或意識形態理論，主要討論政府、股份有限公司、機構及個人是否有責任對社會作出貢獻。

2. 環境、社會和公司治理（environmental, social, and corporate governance，簡稱 ESG），旨在整合到組織的戰略中的框架，通過擴展組織的目標來創造企業價值。

3. 公平貿易是一個全球運動，透過建立夥伴關係，讓發展中國家最弱勢的小農和工人能夠得到合理的報酬、友善對待土地，同時支持勞動者與他們家人的正義與人權。Choose Fairtrade, Change World（選擇公平貿易，成就更美好的世界）。

生態綠是台灣第一間通過「國際公平貿易組織」
(簡稱 FLO) 認證的貿易商。

生態綠的即溶可可粉來自秘魯的公平貿易合作社,以穩定的報酬扶持偏遠地區的發展,
帶給秘魯小農家庭幸福與希望。 (照片提供:生態綠)

來自印尼的公平貿易咖啡豆,帶給當地女性更公平的就業機會與社會地位。
(照片提供:生態綠)

SDG 1　只要願意關注並行動，就能翻轉貧窮！

當我們願意開始關注貧窮議題並展開行動，將發現「貧窮不是一個類別，不能光用政府的年收入來描述。」在現實生活中，「這片艱困比社會上的一般認知更為廣大。」～《窮忙：我們這樣的世代》

貧窮這問題有解藥嗎？沒有百分百的解藥，但只要願意關注並行動，將發現有翻轉的契機！例如支持非政府組織（NGO），我們可以捐贈資金、時間或資源支持這些機構的工作；支持或推動政策改革幫助減少貧窮和不平等；提供教育機會，教育是提升貧窮人口的經濟社會地位的關鍵，也可以支持當地學校和教育機構，為需要幫助的學生提供資金和資源。創造就業機會是幫助貧窮人群脫貧的重要途徑。

正如同「生態綠」和「舊鞋救命國際基督關懷協會」，有發初心就有善的助緣，成為翻轉貧窮生命的力量，SDGs 是環環相扣的，非各自能完成的目標，需要政府及民間企業、機構根據自身專長來共同響應，並思考如何配合機構目標與技能推動相關目標，來關心地球村及周遭的人事物，就會形成緊密相扣的社會保護力量。

總之，要幫助貧窮的人群，可以採取多種措施，包括支持慈善機構和 NGO、推動政策改革、提供教育機會、增加就業機會和支持可持續發展。

企業實踐可以這樣做

1. **關注周遭人事物：**我們的企業機構可以關注周遭人事物並運用己身專長與資源，邀請機構夥伴思考如何幫助貧窮者脫貧或協助他們能夠經濟獨立並有尊嚴地生活。

2. **擴大參與與提高影響力：**鼓勵員工主動投入並氛圍營造，例如公開表揚、給與志工假期、成立志工性社團、舉辦演講，或提供員工專業服務訓練課程等。

3. **定期舉辦消除貧窮日：**每年於 10 月 17 日「國際消除貧困日」舉辦消除貧窮志工日，邀請員工一起參與「舊鞋救命國際基督關懷協會」等非營利組織一日志工或一日捐，培養與開啟員工實踐 SDG 1 消除貧窮目標之行動。

4. **成為公平貿易消費者：**邀請如同「生態綠」的企業來機構分享，讓公司員工認識及關注貧窮議題，並透過日常生活之公平貿易消費，一點一滴消除貧窮。

學校教學的實踐方式

1. **貧窮發想活動**

   (1) 讓學生思考生活周遭是否有貧窮的人、想一想他們貧窮的原因，可以如何改善？

   (2) 瞭解什麼是需要和想要的物資？當需要物質匱乏時對生活的影響？當想要的物質太多時，對生活的衝擊為何？

   (3) 讓學生規劃與體驗一天 60 元 (1.3 美元) 的日子，並寫反思紀錄。

2. **企劃脫離貧窮好點子**

   於「國際消除貧困日」舉辦體驗或競賽活動，鼓勵學生集思廣義，從有想法到實際寫出計畫、進而執行，甚至得到媒體關注，讓青年學子主動去發現問題並讓他們有機會為貧窮議題盡一份心力。

2 消除飢餓

執筆者 陳鳳涵

台灣全民食物銀行協會於 2016 年展開「偏鄉教室營養補充包」專案，募集牛奶、堅果、綜合全穀物等，送往資源相對缺乏的偏鄉學校。（照片提供：台灣全民食物銀行協會）

SDG 2 消除飢餓所面對的問題是「分配不均」。古言：「國以民為天，民以食為天。」一個國家以人民為根基，而人民以糧食為生存的根本。身處台灣的我們可能很難想像，要完成此指標並不容易，執行起來困難重重。

從聯合國網站資料得知，自 2015 年以來，全球飢餓人口數量又開始緩慢增加。氣候衝擊、Covid-19 和烏俄戰爭造成糧食價值鏈中斷加劇了飢餓和糧食不安全。《聯合國世界糧食計劃署》（WFP）指出 2022 年全球飢餓人口達 10.3 億人，比 2021 年增加 1.18 億人。

而永續發展目標的指標 2.1「確保所有的人都能夠獲得安全及營養均衡且足夠的糧食。」與指標 2.2 的訴求為「消除所有一切形式的營養不良。」大家對於「營養不良」的認知，可能大多是發生在第三世界國家，主因是缺乏糧食無法獲取所需要的養分造成。其實，營養不良正在全世界各地以不同型態發生，且造成不同層次的健康問題，例如偏食、高糖高油的飲食習慣等。

根據世界衛生組織（WHO）統計，2021 年全球有超過 40% 人（22 億人）過重或肥胖。其中兒童過重、肥胖的比例也越來越高了，關注全球議題的科學數據網站 Our World in Data 指出，2020 年 5 歲以下兒童過重、肥胖的比例為 5.7%，是 1990 年的 1.21 倍；而 2016 年過重、肥胖的 5 至 19 歲的兒童、青少年比例高達 18.4%，是 1975 年的 4.28 倍！可以清楚看出兒童和青少年的肥胖比例不斷在攀升。

同時，從 2.1 與 2.2 指標所要解決的飢餓與營養不良的問題，與貧窮或特殊狀況無法取得糧食有關，所牽涉到的是「貧窮」議題。而指標 2.3「促使農村生產力與小規模糧食生產者收入翻倍」，因作物收成時間關係，農民會兼職以賺取更多的收入，因此需關注當地產業發展，能否提供足夠的工作機會、薪水。

對應指標 2.3，農業部推動農業保險，使農民面對極端氣候的挑戰時，能藉由保險機制分散風險，保障農民收入安全。當今農業發展，必須兼顧生態與環境友善的耕作方式。農民可以透過降低施肥量、採用友善環境的耕作方式，並透過認證機制讓消費者了解並支持這類產品。台灣耕種土地有限，面對未來的糧食需求，尋求新技術，結合科技與農業，採用智慧監控生產，有效提升農業產量，打造永續生產系統。

卡維蘭
改善農友收益與創造醜鮮果再利用

卡維蘭以拉拉山為起點,後來走入梨山、尖石等區域,建立果農與消費者的公平交易平台,使果農獲得合理報酬。(照片提供:卡維蘭)

一家社會企業能夠持續經營,不是依靠「幫助別人」的理念,就能獲得消費者的支持。最重要的還是創造出自身與社會的價值,不能只有「幫助」的善心,也得建立獲利的商業模式。

社會企業「卡維蘭」從鮮果販售、加工產品開發到建立農產加工完整產業鏈,致力於成為農友與消費者間的橋梁。企業願景就是希望能讓農友的辛苦真正獲得相對應的報酬,也能夠轉變消費者的想法,讓大眾認可農產品的價值所在,感受到農產加工品的品質,發自內心的願意消費。

卡維蘭當初以拉拉山為起點,後來走入梨山、尖石等區域,重新摸索當地環境,與當地農民溝通,希望能夠真正幫助到農民。做對農民真正有價值的事情,卡維蘭「穩定收購」產品,增加農友收入與就業

卡維蘭開發格外品的可能與產地夥伴維繫偏鄉命脈，
推動公眾參與、改善土地條件。

機會外，嚴格把關生產過程，從種植生產到產品銷售建構一套完整規範，確保鮮果穩定與產品品質，提供消費者合理且安全的食品。

除此之外，卡維蘭重新賦予賣相差、過熟或過小的農產品新生命，透過關鍵技術，保留鮮果原味，製成天然無添加香料的加工品，讓所有人都可以體會到鮮果的多樣面貌，創造鮮果新的價值。一方面能增加農民收入、同時也減少作物浪費。

卡維蘭訂定收購標準，篩選合作農友，於農田建置農地氣象站，減少農產品損失，確保鮮果品質，讓消費者取得品質優良的蔬菜；提供在地健康食材，天然無添加的水果原物料給生產者，確保消費者的飲食安全。卡維蘭建立果農與消費者的公平交易平台，使果農獲得合理報酬，並且透過資訊公開，讓消費者了解水果種植情況。

為了讓農民有更好的生活，卡維蘭建立制度、研發鮮果產品，從穩定收購產品、開發加工品、訂定收購標準、設置天氣資訊系統等發展，目的就是希望讓農民的付出與收穫逐漸平衡，最後改善生活；並轉變消費者的想法，真正認識到農產品的價值所在，發自內心的願意消費，為農民帶來正面影響。

賣相差、過熟或過小的農產品，製成天然無添加香料的加工品。（照片提供：卡維蘭）

案例二 台灣全民食物銀行 不浪費、無飢餓

台灣的食物銀行從食物重新分配的「惜食」著手，後來發現，如果我們可以減少「浪費」，是解決糧食問題的第一步。根據聯合國糧食及農業組織（FAO）統計，2020 年全球有約 8.11 億人面臨食物不足的困境。但全世界每年卻仍有 3 分之 1 的食物被浪費，這些浪費的食物夠足養活 30 億人，讓飢餓消失匿跡。

台灣全民食物銀行協會是台灣目前唯一獲跨國的食物銀行組織「全球食物銀行網絡（Global FoodBanking Network，簡稱 GFN）」認證合格的食物銀行，並於 2021 年獲內政部全國性社會團體公益貢獻獎「銀質獎」。全民食銀呼籲不浪費食物，並致力於推動各界捐贈食物，以組織對組織的運作方式，將勸募的食物免費無償轉贈給全台合作逾 220 家中小型社福機構，於台灣各地落實執行有成。

成立於 2011 年的台灣全民食物銀行協會，不僅以「No Waste, No Hunger 資源不浪費，台灣無飢餓」為創立宗旨，也致力於透過傳送營養以及在原鄉學校推行種植的台灣油芒復耕等專案計畫，倡議與實際行動參與食農教育，以達成 SDGs 中的第 2 項，同時實踐第 3、4、12、13、17 項。

「台灣一年浪費的食物平均多達 384 萬噸，每年浪費的廚餘放進廚餘桶，疊起來的高度相當於『1 萬 3,500 座 101 大樓』」有鑑於此，每年在世界糧食日，台灣全民食物銀行都透過各種管道，邀請全民一起來呼應惜食行動，將此行動延伸為日常的實踐。

在加入 GFN 後，該國際組織長年提供全球的新趨勢及新知識，也協助「台灣全民食物銀行協會」的部分會務運作，以確保其合格會員的身分；

每年舉辦的全球食物銀行領袖論壇，全民食物銀行協會均派員出席，與各國會員交流並吸取新知。加入國際食物銀行組織，或不定期向國外食物銀行取經，讓國內的食物銀行吸取新知與開拓視野，並提出前瞻性的倡議。

台灣全民食物銀行協會於 2016 年展開「偏鄉教室營養補充包」專案，募集牛奶、堅果、綜合全穀物等，送往資源相對缺乏的偏鄉學校，以提供兒童於發育階段中最需要的營養，並攜手營養科系師生，傳授健康飲食知識，促進孩子健康成長，給予孩子們吃與知的權利。同時，也於 2022 年開始投入與多所原民小學種植台灣油芒，將原民傳統作物的文化透過實際栽種根植於學子的記憶中。

食物銀行連接起珍食與資源分配，透過供應與需求，共同承擔了減少溫室氣體的排放，於氣候變遷的現況擔任起一個積極的角色。

台灣全民食物銀行協會宗旨「No Waste, No Hunger」，常年執行惜食助人。
（照片提供：台灣全民食物銀行協會）

SDG 2　啟動飢餓與營養不良問題意識的覺知

面對消除飢餓，學習者需要理解何謂飢餓與營養不良，以及全球糧食生產與分配的現況。2022 年台灣通過《食農教育法》，藉此帶領大眾重新認識糧食議題，針對不同年齡層規劃設計食農教育課程，啟動學習者問題意識的覺知，經歷認知學習、價值澄清、技能培訓、最後產生實質的行動。

企業實踐可以這樣做

1. **支持在地農產品與採用永續農法的耕種者：**公司進行採購時，挑選運用當地農作物製作的成品；採購時，可選擇採用友善環境農法的農產品。

2. **支持食物援助計畫：**捐款給食物銀行或發起食物援助計畫，讓更多同仁一起瞭解關心此議題。

學校教學的實踐方式

1. **認識周遭自然環境：**國小可從認識校園的自然環境開始，如在學校種植香草植物、水耕菜等，探索當地菜市場，認識當地蔬果。逐步思考在公共地區種植可食植物，創造可食森林公園，讓學生認識在社區中的可食地景議題。

2. **每餐吃多少拿多少，減少浪費：**讓學習者知道目前台灣糧食浪費的狀態，以及如何妥善利用食物，減少浪費，探討蔬果的美醜外觀是否會影響其營養價值的認識，及認識不同的季節可吃的食物。

3. **全球糧食分配不均：**理解 SDG 2 就是解決糧食缺乏的問題，從覺知全球糧食分配的現況開始，對應台灣生活的狀況，感受到糧食分配不均與營養不良的問題。基本理解糧食分配問題及現況後，延伸探討對糧食缺乏的地區進行小組討論，反思自己的飲食習慣，在日常生活中如何減少糧食浪費，並對解決糧食分配不均問題展現企圖與行動準備。

台灣食物銀行 2022 年開始與多所原民小學種植台灣油芒，將原民傳統作物的文化透過實際栽種根植於學子的記憶中。（照片提供：台灣全民食物銀行協會）

台灣食物銀行與小學合作推廣食物捐贈日。（照片提供：台灣全民食物銀行協會）

3 良好健康與福祉

執筆者 鄭岳和

「小鬱亂入」創作者白琳與好恒建構出讓人可以輕鬆討論憂鬱症的平台。（照片提供：小鬱亂入）

SDG 3 的細項目標著重於生殖健康、孕產婦和兒童健康、免疫接種率、傳染病治療等，並設立衡量指標。例如減少 5 歲以下兒童的死亡率；消除及對抗傳染病與非傳染性疾病；促進心理健康；預防物質濫用、交通事故及各類污染的傷亡；實現醫療保健涵蓋全球的目標等。

然而健康的問題從來不僅是個體身體素質或其生活習慣的問題，而與個體身處其中的社會、經濟、環境乃至文化等面向息息相關等。貧病交加的現象，正彰顯此問題的複雜性。作為現代社會的基本人權，對健康的關注與著力，必須考量人類身心與社會生活的整體平衡。特別是因社會不平等、剝削及環境破壞等所造成的健康不平等，對原本脆弱的社會弱勢階級，帶來長期身心健康問題。

另一方面，重大公共衛生事件對整個永續發展目標的影響是巨大的。2022 年聯合國永續發展目標報告就指出，新冠肺炎疫情導致全球超過 5 億人感染（2022 年中），1,500 萬人死亡（2020 年至 2021 年），奪去全球 11.55 萬名一線醫護人員的性命。

WaCare 是一個專注在長者健康議題的線上社群平台。

更重要的是，新冠疫情破壞了聯合國過去幾年在貧窮、健康方面的進展，導致全球預期壽命降低。而 2,270 萬名兒童錯失基本疫苗接種（2020 年），1.47 億名兒童錯過一半以上的面授教學時間（2020 年至 2021 年），加上疫情對經濟的負面影響，以及因疫情帶來國家間不平等的加劇等，都顯示出問題的複雜性。

案例一　WaCare 運用科技解決城鄉差距與健康照護

台灣 2025 年超高齡社會的來臨與各種老年疾病，及醫護、長照人才不足等問題，是此健康領域的當務之急。而 WaCare 正是一個專注在長者健康議題的線上社群平台，執行長潘人豪當初因無法親自照顧母親，思考如何透過科技進行健康促進，而於 2017 年創立遠距醫療照護新創平台。

「我們在做的事情是把所有人數位化，把醫療機構、醫療服務的提供人員、民眾、社區、照顧者全部都數位化。當大家到數位化的世界之後，就在這虛擬的世界裡面，做健康促進與數據管理等等。」潘人豪指出，這個觀念直到元宇宙與 Metaverse 等虛擬世界網路的出現，才逐漸被理解。

從 2020 年開始，所有醫療機構受新冠肺炎疫情影響，導入各種數位功能和計畫，AI、AR、VR、機器學習（Machine learning）或雲端運算（Cloud computing）。遠距醫療的概念與實踐，隨之進入民眾的生活經驗，也使得 WaCare 的推廣獲得較大的關注。

於是 WaCare 透過平台，連結各式各樣提供數據資料的設備，建立以人為本的資料信託（data trust）。並依據照護者需求，設計不同的服務，如線上健康促進、賦能課程、線上諮詢、遠距個案管理與能力建構等課程。然而，以前這些都只能發生在醫療機構，現在透過 WaCare 就可以發生在社區、居家。再加上平台開放給所有醫療機構醫療人員來參與，便能將這樣的遠距照護生態系模式，推廣到台灣各地，如遠在花蓮台東的日照中心與失智照護據點、南投縣仁愛鄉馬烈霸文化健康站，或單趟車程需 4 小時的台中梨山部落等包含 200 個以上偏鄉社區，都可透過數據分析，建構部落與社區據點健康圖譜。

「對我來說，最感動的事情，是數位賦能這件事情。看著 80 歲、90 歲的長輩在線上參與復健課程，這在過去幾乎是不可能的。……他們都全部上線，而且黏著度非常的高。我們就看有長輩參加了四、五百場的……」潘人豪感動的說著。

WaCare 將遠距生態系統模式推廣到台灣各地，包括 200 個以上偏鄉社區。
（照片提供：WaCare）

疫情期間，許多長輩參與線上復健課程。（照片提供：WaCare）

護理師透過 WaCare 平台，可以遠端一對一關懷諮詢。（照片提供：WaCare）

案例二　小鬱亂入
讓憂鬱症可以被說出來

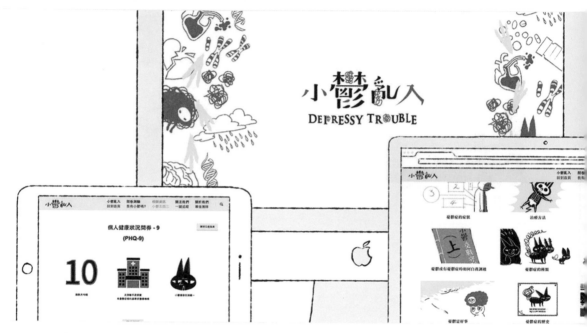

小鬱亂入用輕鬆的口吻，帶大眾進一步認識憂鬱症。（照片提供：小鬱亂入）

人類經濟活動的發展，不僅導致環境破壞，亦對人類心理健康構成莫大的壓迫。依據世界衛生組織估計，目前全球約有 2.8 億人患有憂鬱症（WHO,2023）。在新冠肺炎大流行之前，每 6 名工作年齡的成人就有 1 名患有某種類型的精神障礙（mental disorder），這顯示心理健康問題已經是導致人們失能的主要原因。據衛福部 2021 年統計通報，2019 年國人因精神疾患就醫約 280 萬人。事實上，若考量國內精神疾病長久被污名化，導致患者不願就醫或尋求協助，再加上大流行的影響，可知真實數據應更高。

小鬱亂入認為憂鬱症這個議題是需要被社會理解並討論的。

「小鬱亂入」是個傳播與討論憂鬱症相關知識的線上平台。她們以容易自我檢測的互動式線上憂鬱症量表，以及將憂鬱情緒擬人化的形象，建構出一個讓人可以輕鬆面對憂鬱症議題的空間。

這最初是兩位創作者白琳與妤恒，於2015年台科大設計系的畢業製作。該網站於 2016 年 8 月獲得德國紅點傳達設計獎優勝，並已經出版兩本書籍，分別是《小鬱亂入，抱緊處理》、《小鬱亂入然後咧！阿焦也來參一腳》，如今更是擁有 4 萬多人的粉絲專頁。

「核心問題是『大家不願意談論這個議題』！」妤恒說明，因這是她從小面對母親生病，大家卻都不談的一手經驗。出於過往社會習俗對心理疾病的強烈恥感，以及新聞事件報導帶來的刻板印象，人們視憂鬱症為極須掩飾、不可談的禁忌話題。

以淺顯易懂的插畫認識憂鬱症，從不諒解走向理解，一起抱緊處理，擁抱自己。
（照片提供：小鬱亂入）

「我們要把它變得可愛，因為大家會分享可愛的東西。」基於這個理念，兩人創造了「小鬱」與「憂憂子」的角色。「黑毛色、翹尾巴的小鬱呈現情緒不安；而捲毛小綿羊憂憂子，亦表達出憂鬱來時的退縮與無助感。」

伴隨著由專業醫師建議的問卷測驗與相關知識，讓人們從願意理解、導正觀念，到能健康的面對複雜的內在問題。如此透過心理健康知識的傳播與理解，於未病或已病之際，使個體獲得適當支持，正是「小鬱亂入」的意義與使命所在。

企業實踐可以這樣做

促進健康生活的行動本身，對企業而言，原本就意味著某種龐大的商機。無論是公司投入健康產業的行動，或者從身心各方面，促進公司員工的健康與福祉，甚至作為企業使命與願景，「健康」都是人們關注的焦點。故關於 SDG 3 的企業實踐，我們有以下的建議：

1. **思考健康生活與企業的關係**：如同思考碳足跡一般，企業亦能從自身各項活動或提供的產品服務中，考察此過程或結果，對健康生活的正面或負面影響。在思考何謂健康生活的過程中，持續與新世代對話，尋求真正能促進健康生活的途徑。

2. **從傳統健康產業邁向新型態健康事業**：隨著新科技的進步，依據過往意識形態建立起來的健康產業，往往無法跟上時代的腳步。如本文所介紹的 WaCare，由 SDGs 帶來的新思維，正透過新科技改變產業樣貌。

3. **促進企業員工的健康生活**：工作壓力經常是影響企業員工健康的關鍵因子。若企業能致力於提供消除工作壓力的方式，促使員工提升並學習情緒、壓力調節的技巧與知識。甚或進一步提供員工應對壓力的方法與機制，如各種達至身心平衡的教育訓練、情緒假制度等。這將能化解問題於未病之際，實質提升健康生活。

🏫 學校教學的實踐方式

教育,從關心如何解決自身或身旁他人的問題開始。在以功利為導向的社會中,健康總是那個最容易被忽略,又最終讓人付出代價的隱性問題。教育應讓人們對自身生命、生活目標的輕重有所覺察,從身心各方面學習健康生活的真實樣貌。關於 SDG 3 的教學實踐,有以下三方面的建議:

1. **與時俱進的醫學知識:**新科技與醫學的結合,正以迅速的腳步前進著。面對越來越專精的醫學技術,學校更應強化相關知識的教育。從傳統中醫到當代醫學、從日常保健到傳染病等。促進個體對保持健康與疾病預防,有更多思考與覺察,以作為實踐健康生活的基礎。

2. **提升對身心關係的覺察:**身處複雜、多元的社會,個體身心狀況的失調,往往使工作者失去工作、生存的能力。故訓練個體覺察自身身體與心理的細微變化,學習各種情緒、壓力調節的技巧,已經是健康生活的基礎。如本文介紹的「小鬱亂入」,透過新型態傳播平台,為即時需要者,提供友善的身心相關訊息,讓知識成為生存的力量。

3. **健康與生活、社會、環境的關係:**在永續發展的視野中,我們看到自身、他人、社會與環境是如何緊密相繫。在這些構成生活樣貌的各種要素中,個體需進行關於生活品質、幸福等議題的哲學思考。從對自身與所處環境的覺察出發,透過抉擇與行動,為人為己的開展健康生活。那或許將有機會能翻轉佔有、消耗、破壞的人類趨向,創造人們共同的未來。

4 優質教育

執筆者 何昕家、尚君璽

龍騰文化長期舉辦「全國高中職素養探究成果大賞」，希冀引導師生探究實踐 SDGs。
（照片提供：龍騰文化）

自 1972 年起，聯合國不斷透過環境教育討論人與環境關係；而 1987 年定調永續發展，推展過程均強調教育的關鍵與重要；接著於 2005 至 2014 年推動永續發展教育十年計畫，以尊重為核心，強調環境、經濟與社會相關議題的相輔相成。

聯合國在提出永續發展目標（SDGs）後，2015 至 2019 年緊接著推動全球行動計畫（GAP），強調在各級教育領域以及所有永續發展部門，制定和擴大相關的教育行動。2020 至 2030 年期間的新永續發展教育架構（ESD for 2030），則是在 2016 年至 2018 年與各利害關係人廣泛協商後制定的；重點是加強永續發展教育對實現 17 個永續發展目標的貢獻，特別在於政策、學習環境、教師以及教育工作者、青年和社區，更強調學習內容對人類生存和繁榮的貢獻。

SDG 4　康軒與龍騰攜手從國小開始實踐永續發展教育

依循上述脈絡大致可以瞭解，教育是推動與實踐永續發展的關鍵驅動力，因此陸續有相當多的教材、教案、教具等百花齊放支持永續發展教育。其中對於體制化教學相當重要的教學媒介：教科書，也是不容忽視的一環。

聯合國於 2017 年 7 月 4 日在曼谷召開第三屆亞太教育會議（APMED III），同時也發布《永續發展教科書：融滲指南》（Textbooks for Sustainable Development: A Guide to Embedding）。

這是一本關於將和平、永續發展和全球公民概念融入核心科目教科書的國際指南，書中指出教科書的重要性是毋庸置疑的，而各國和民間社會組織使用教科書傳承給下一代知識並培養各種素養，使其可以為年輕人賦能，為和平教育、人權教育、全球公民教育和永續發展教育做出重大貢獻。

在該指南中，使用「融滲」的方式，將永續發展教育（ESD）作為課程和正式教育各個面向組成，而不是作為「附加」的內容。

也就是說，永續發展教育應該是所有學科的核心，而非在課程邊緣可有可無、以附加的方式教授。在所有學科中融滲 ESD 將確保更深厚的影響：不只教育「關於」永續發展的內容，「融滲」能夠恰如其分地展現教育「為了」永續發展的概念，將其價值觀和原則置於教育的核心位置。

路徑一　教科書深入對應聯合國永續發展目標，並透過教師手冊補充相關資源

在台灣的教科書出版社中，康軒與龍騰從國小、國中到高中職的教科書中，均回應國際脈絡，透過以下取徑支持第一線老師實踐永續發展教育。

盤點課程內容對接 SDG 的 17 個目標並製成教材關聯表，教材與 SDGs 目標關聯的形式包括將直接相關的內容作適當的教學引導標示，讓教師於授課時直接引導學生連結概念。

或是教授課程後，針對對應 SDGs 進行延伸教學；進一步也可以延伸相關價值觀，引導學生從覺察問題到進行反思；教師與學生共同探討行動的方向。

龍騰文化 ✕ 青年志工培訓計劃。（照片提供：龍騰文化）

龍騰願攜手老師，致力發揮教育精神與企業社會責任，
落實「教育永續 × 成就美好」。

路徑二　編輯專刊，擴散永續發展教育的影響

透過單獨主題手冊的編輯來支援不同領域，或是對此實踐永續發展教育的工作者提供參考，例如康軒的《永續發展目標專刊》對於教育工作者而言，是相當淺顯易懂的入門書，無論是部定課程教學或彈性課程時間的主題教學，都能有效率的參考運用。

而龍騰的英文科《SDGs 議題學習手冊》、國文科《SDGs 議題國寫指南》、社會領域《永續行動派教學指引》也是針對不同領域結合科目學習核心，發展專刊，都是值得參考的教材。

康軒編輯《永續發展目標專刊》，提供教育工作者易於認識 SDGs 的參考資源。
（照片提供：康軒文教）

路徑三　透過不同媒體管道擴大影響力

康軒與龍騰均建置永續發展教育平台，不斷累積與推廣永續發展教育。康軒的網站為「康軒文教 SDGs 專區 永續教育・成就未來」建置了 SDGs 課程地圖，教師可透過專區內容以學習領域、年級、SDGs 目標等條件，快速查找跨領域的關聯或對應的 SDG，並提供延伸的教學資源，另外也有校訂課程示例、延伸閱讀、影片連結與學習單等不同教學資源。而龍騰網站為龍騰文化永續教育，網站中有相關專欄與活動消息，龍騰也長期舉辦「全國高中職素養探究成果大賞」，希冀引導師生探究實踐 SDGs。

為永續未來而教，教科書成為我們向真實世界學習的媒介，引領學生為未來世界積極行動。康軒與龍騰攜手，以實踐永續發展教育為己任，期許培育出更具未來競爭力的世代。

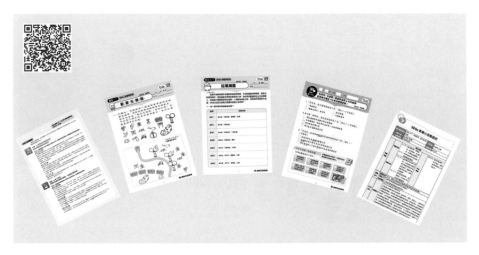

康軒設置永續教育成就未來 SDGs 專區，除了幫助教育工作者認識 SDGs 外，更將教科書與 SDGs 相關的單元課次以網頁形式供教師方便蒐尋查找，並附有資源供老師彈性運用。（照片提供：康軒文教）

SDG 4　教育，是改變世界的關鍵力量

融滲永續發展教育是實踐全球永續發展目標的關鍵策略，需要將 ESD
價值觀和原則深入納入教育體系，並推動全校範圍的轉型。教育應該
超越單純傳授知識，而是致力於培養全球公民意識和永續發展的價值
觀，使學生能夠應對日益複雜的全球挑戰。

為了成功融滲 ESD，各國應該制定相應的教育政策，將 ESD 納入學校
課程和教師培訓計劃中。同時，教師和教科書開發者應該共同努力，
創造能夠支持 ESD 目標的教學資源。透過融滲式教育，學生可以更深
入了解永續發展的重要性，並在日常生活中採取積極的永續行動。

融滲式教育也是打破學科孤立、跨學科整合的機會，讓學生在解決複
雜問題時能夠運用多學科知識和技能，為他們的未來和社會的永續發
展帶來更深遠廣大的影響力。

在實踐永續發展目標的道路上，全球社會應該共同努力，確保 ESD 成
為每個學生的基本權利。教育是改變世界的關鍵力量，嵌入永續發展
教育是我們共同創建更美好未來的重要一步。這需要政策制定者、教
育機構、教師、學生和家長共同合作，攜手促進 ESD 的全球普及和成
功實施。

讓我們共同努力，融滲永續發展教育，為地球和未來世代創造更加繁
榮、和諧和永續的世界。這也是深入實踐 SDG 4 優質教育中的 4.7「在
2030 年以前，確保所有的學子都習得促進永續發展的必要知識與技能，
具備體作法開展永續發展教育、永續生活模式、人權、性別平等、和
平及提倡非暴力、全球公民意識、文化差異欣賞，以及文化對永續發
展的貢獻。」而康軒與龍騰可說是努力實踐 4.7 將永續發展教育在地化
的教育先行者。

龍騰的普通高中國文選文融合 SDGs。（照片提供：龍騰文化）

康軒持續以追求高品質的教科書為志業，各領域精敲粹煉，期以優質教育許孩子一個美麗的未來。
（照片提供：康軒文教）

企業實踐可以這樣做

1. **透過制定相應的教育政策**：將 ESD 納入員工培訓課程，並提供支持和資源，鼓勵員工積極參與永續發展教育。

2. **與教育機構合作**：開發能夠支持 ESD 目標的教材和教具，為員工提供全面的學習資源。

3. **通過融滲式教育**：企業可以幫助員工更好地理解永續發展的重要性，並在工作中實踐永續價值觀。這不僅有助於提升企業的競爭力，還將為地球和未來世代的發展做出貢獻。讓我們共同努力，將永續發展教育融入企業文化，為建設更加繁榮、和諧和永續的世界做出貢獻。

學校教學的實踐方式

1. **教材對應聯合國永續發展目標**：教師可以利用教科書中對應 SDGs 的內容進行教學。這些內容可以直接作為課程的一部分，或者作為延伸教學的素材，引導學生對 SDGs 進行深入了解和討論。

2. **專刊和手冊的利用**：學校可以參考康軒和龍騰等出版的專刊和手冊，提供教師更多有針對性的教學資源和指導，幫助他們更好地實踐永續發展教育。

3. **利用網路平台和資源**：學校可以利用康軒和龍騰建置的永續發展教育平台，提供教師和學生相關的課程資源、教學影片、閱讀文章等，以支持教學活動。

4. **跨學科教學**：教師可以將永續發展教育融入不同學科的教學中，打破學科孤立，促進跨學科整合。這可以幫助學生更好地理解永續發展的概念和重要性，並培養跨領域解決問題的能力。

5. **教師培訓和支持**：學校可以提供相應的教師培訓和支持，幫助教師更好地理解永續發展教育的理念和方法，並提供相應的教學資源和指導。這可以提升教師的教學能力，促進永續發展教育的實施。

5 性別平等

執筆者 張凱銘

台灣性別平等教育協會設計「性別平等」桌遊於校園及社區推廣。（照片提供：台灣性別平等教育協會）

在聯合國提出的 17 項永續發展目標中，第 5 項目標以性別平等為主旨，訴求「促進不同性別間的平等環境，並賦予包含婦女與女童在內的女性以權能」（Achieve gender equality and empower all women and girls）。根據聯合國的論述，這項目標之下又涵蓋了 6 個細項指標和 3 個行動指導。

作為重視基本人權保障的民主國家，台灣向來關注性別平權議題，無論是以「性別不平等指數」（Gender Inequality Index, GII），或「性別落差指數」（Gender Gap Index, GGI）計算，我國的性別平權表現在當代國際社會中皆位居前列。

然而，從行政院性別平等處公布的性別圖像報告來看，台灣婦女在家庭與社會生活中，仍然面臨許多待改善的處境如升遷機會受阻、對資通訊技術掌握偏弱、育兒與工作負擔平衡不易等。此外，諸如校園性騷擾、數位性別暴力等問題，亦有待性平意識教育的強化方可望獲得解決。

對此，從台灣的實踐角度出發，關於 SDG 5 性別平等，有兩個值得認識的案例故事，分別是代表在地實踐努力的「台灣性別平等教育協會」（Taiwan Gender Equity Education Association, TGEEA），以及代表國際企業實踐經驗的台灣微軟公司（Microsoft Taiwan）性平政策與活動推廣。

若對於 SDG 5 相關細項目標有其興趣想要深入瞭解，請參閱幸福綠光出版的《我們想要的未來② SDGs 最實用課程設計：從解說、引發動機到行動，校園、機關團體、企業講習最佳教材》第 48 頁，或是參閱天下未來城市網站連結：https://futurecity.cw.com.tw/article/1867。

2004 年性平法三讀通過。（照片提供：台灣性別平等教育協會）

案例一 台灣性別平等教育協會 在教育現場推動性平理念

促進不同性別間的平等互重，雖然是當今世界上大部分國家政府部門積極推行的政策理念和方針，但相關施政的具體效用及長期發展，仍有賴於社會大眾的共同響應配合方為長久之計。就此來看，在教育體系中向青年世代講授性別平等理念，引導其接納並身體力行，其重要性不言自明。

台灣民間團體婦女新知基金會於 1988 年便公開倡議落實兩性平等教育的想法，但基層教育現場的反應相對遲緩，直至 2000 年 4 月，屏東高樹國中發生不幸的玫瑰少年事件後，方促使更多有識之士參與對性平教育的討論。

正是在這一背景下，許多第一線教育工作者逐漸串連整合，希望以民間社會自發形式，為性平教育議題創立一個長遠運作的開放平台。在各方共同努力下，「社團法人台灣性別平等教育協會」最終於 2002 年 11 月成立於台北市，提出四項核心宗旨：

1. 消除性別歧視，建立多元平等社會
2. 推動性別平等的教育環境
3. 發展本土性別教育的研究與教學
4. 建立性別平等教育者間情感與資訊支援網絡

「台灣性別平等教育協會」是國內長期關注並參與推動性別平等教育的非政府組織。

「台灣性別平等教育協會」主要由專業教育工作者組成,發展至今已有約 200 名正式會員,其中超過七成是每日於現場和學生互動的基層教師,遍佈各地各級學校。協會的存在與運作,有助於促進國內性平教育工作者間跨越地域的橫向串連,引導教師增進對性平議題的認識、掌握教學技巧及解決授課過程中各類挑戰的能力,同時也在政府部門和第一線教師間建立更通順的縱向連結。「台灣性別平等教育協會」目前的具體業務包含六類:

1. **倡議發聲:**針對與性平議題有關的時事發表專業評論,於中央及地方政府監督性平政策落實進度及對應法規修訂情形。

2. **教育推廣:**與各方機構及團體合作,舉辦和性平議題有關的演講座談或研習進修活動。

3. **資源提供:**針對性平法規與校園性平事件提供諮詢服務和專業建議。

4. **研發出版:**開發與性平議題相關的教材、教具及教學方法,協助教師更有效的傳播相關知識與理念予青年學子。

5. **支持培力:**為各地教師提供交流管道,以利其相互分享教學經驗與心得。

6. **國際交流:**代表我國教育工作者出席國際間各類性別事務活動,同時參與監督和性平議題相關的國際公約在我國的實踐情況。

整體而言,「台灣性別平等教育協會」著眼於教育這項性平工作最為根本的面向,整合國內教育專家與教師人才,共同在教育現場和政策法規領域推動性平理念落實,成為我國跟進 SDG 5 的民間中堅力量。

案例二　台灣微軟
具體落實性別平等理念的國際企業

除了來自本土的實踐努力外，我們也能在台灣找到國際企業的實踐案例，其中作為資訊科技業界龍頭的台灣微軟，便是相當值得參考的例子。

如同許多國際大型企業，微軟公司在追求營利的同時，也體認到營造良好職場環境與內部文化的重要性，將「多元共融」（Diversity and Inclusion, D&I）作為核心文化理念，提出多項「包容準則」（Inclusive Behaviors）供全體員工參考。

在「多元共融」精神引領下，外界只要稍微認識一下台灣微軟近年的公開發言與活動參與，便會發現這間企業對於性別議題的支持堪稱不遺餘力，不但以正式聲明公開響應 LGBT 族群爭取應有權益，更以行動相挺同志大遊行與婚姻平權運動。

台灣微軟也在內部持續舉辦諸如 D&I 講座和相關內部交流活動，邀請多元性別族群代表人士和員工分享觀點。除了理念分享與活動籌辦，台灣微軟公司也將性別友善理念落實在職場政策之上。

例如在內部設立跨部門的「女性分會」，作為女性員工相互分享生活及工作事務的社交平台；全體員工皆享有陪產與育嬰假期並可領取育兒津貼；採行彈性工時和彈性居家辦公制度，允許員工依照家庭與自身狀況自由調度上班時程，在工作之餘更能兼顧接送子女、照顧嬰幼等家庭需求。

「台灣微軟」公司是我國民間具體落實性別平等理念的國際企業典範之一。

照顧自身員工的同時，台灣微軟公司也積極和在地社會建立合作連結，例如自 2004 年起漸次推行「WOMEN UP 數位鳳凰計畫」，和數十個國內婦女團體合作，提供女性國民資訊技術教學服務，希望使許多為家務及育兒事務鎮日操勞，以致和當前社會中科技潮流產生疏離落差的婦女，有機會養成對相關技術產品的應用能力，藉以達成對婦女的科技賦能。

出於相同理念，台灣微軟公司於 2015 年後每年舉辦「Coding Angels」工作坊，邀請女性大專學生學習程式撰寫、演算法與人工智慧工具運用等專業知識，希望能鼓勵更多女性投入資訊科技這一過往以男性為主的領域。

台灣微軟公司也與法務部合作，向女子看守所等矯正機關捐贈一定數量的電腦軟體，希望使女性收容人在矯正期間有機會接觸科技新知俾彌合數位落差，為其後續返回社會後的再發展創造良好條件。

台灣微軟公開響應 LGBT 族群爭取應有權益，更以行動相挺同志大遊行與婚姻平權運動。

5 性別平等

SDG 5　實現性別平等，並賦予婦女權力

聯合國永續發展目標的第 5 項以性別平等為本旨，旨在消除當前世界各地普遍存在對於婦女的歧視與不公對待。尊重保護婦女權益對於各國政府與民眾來說，不該只是一個道德理想層次的抽象訴求，更應是為建構永續幸福未來的務實努力方向。

當婦女在社會生活和家庭中能受到公平對待，與男性享有相同的學習、就業及競爭機會，得以依照自由意願選擇工作、婚嫁與財產運用時，勢將能更有力地參與國家經濟發展建設工作，促進社會集體的進步幸福。

透過認識本章介紹的兩個案例，觀察者應能理解對於建構性平社會的願景追求，固然是政府須積極擔負的重責大任，但民間非政府組織與企業機構，只要願意，同樣可在其間發揮重要的正面作用。

「台灣性別平等教育協會」的發起者認識到在教育環境推廣性平理念的重要性，拒絕被動等待政府提出教育改革政策，而是自發串連組織，有效整合民間力量並監督敦促中央與地方政府加速推進性平教育政策與法規制訂工作。

台灣微軟作為代表性的國際企業在台分支，長期響應我國社會中的各種性別運動和時事議題，對內營造性別友善的職場文化，確保女性員工擁有自由愉快的工作環境，對外則與我國政府部門、教育機構以至非營利組織廣泛合作，透過捐贈軟體、舉辦工作坊及社區教學計畫等作法，具體實踐對婦女的科技賦權。

相關事例讓我們看到民間團體在這項永續發展目標上的龐大潛力與行動能量，當政府與民間能夠協力並進，聯合國關於性別平等的永續未來想像，終有機會在生活中逐漸積累落實。

🏢 企業實踐可以這樣做

1. **治理政策考量性別差異**：企業內部治理及員工待遇等相關政策應將不同性別員工的條件差異和生活需求納入考量。

2. **規劃內部性平交流活動**：企業內部可為員工設計跨性別交流活動，推廣性別平等知識並邀請不同性別員工分享職場性平環境改善建議。

3. **對外合作踐行社會責任**：企業機構可與政府部門、非政府組織以致地方社區合作，提供女性國民技術知識學習培訓機會俾落實女性賦權理念。

🏫 學校教學的實踐方式

1. **講授性別平等相關知識**：學校在課程規劃中宜適當結合與性別平等有關的知識如法規內容、國內外時事案例等，增進學生對此議題的瞭解與重視。

2. **營造性別友善校園環境**：學校應確保校內設施及學生事務法規、校園活動的安排皆符合性平理念，同時顧及不同性別學生的需求。

3. **完善學生諮商輔導機制**：學校應建立完善的諮商輔導機制，確保學生遭遇性別問題或產生相關疑問時，有適宜管道可諮詢對談。

5 性別平等

6 潔淨水與衛生

執筆者 蕭戎

截至 2021 年，中油公司在非洲中部的查德共和國，協助興建水井 18 座，受益居民超過 8,000 位。
（照片提供：中油公司）

聯合國永續發展目標（SDGs）對水資源的重視源於它的前身——聯合國千禧年發展目標（Millennium Development Goals，MDGs），後者對改善世界各國民眾取得安全飲用水能力的呼籲，在往後的 SDGs 裡得到了更多的強調。

為了促成此目標之實現，聯合國將減少水污染、提高公私部門的用水效率以節約水資源、保護涵養水源的自然環境，乃至於廢水回收再利用，都明確列入其內涵。

放眼半世紀以來的台灣，我們是在 80 年代的反污染公害自力救濟運動

智慧創新、綠能減碳、價值共創、成為永續成長的卓越
企業。

中，對水污染有自下而上的醒覺，又在 90 年代以降的反水庫運動中，
逐漸曉得要在山高水急的環境裡留住水資源，以及如何公平分配水資
源的困難。就此而言，此目標之實現，正是台灣面臨的挑戰。

若從環境正義角度看，實現這議題之所以艱難，是因水資源通常屬於
公共財，有著難以監督與認定責任歸屬，以及遭破壞時，可能受害對
象舉證與訴訟困難等限制，格外容易遭到浪費或糟蹋。

以下，便要透過案例的介紹，一探此目標可能面臨什麼樣的挑戰，
以及可能存在什麼樣的解決方案。

案例一　中鋼公司
積極推動節水與水資源循環利用

位於高雄的中鋼公司是台灣數一數二的用水大戶，這是因為煉鋼廠在
生產過程中，需要大量用水以冷卻、除鏽、洗塵。1977 年，賽洛瑪颱
風導致自來水廠停電無法供水時，中鋼工廠的作業心臟「高爐」便面
臨毀損的危機，損失恐將以千億計，於是便意識到缺水問題對工廠運
作的嚴重威脅。

其次，由於中鋼坐落於豐枯比高，水資源在很大程度上仰賴颱風帶來
雨水的南部地區，十餘年來陸續面對數次水荒，因此在 1990 年代，中
鋼便開始第一波的省水計畫：從製程著手省水。即製程經過改良後，
所使用的水，將會透過反覆過濾與降溫，再重複使用 5 次；而最終所
排放之廢水，也約有兩成可回收使用。

當然，廢水回收再利用是需要付出代價的，中鋼自行處理的成本為每
噸 33 元，相較於工業用自來水每噸 12 元，前者乃高出許多。但如果

工廠亟需用水而向民間買水，每噸則可能要價 71 元，缺水期間還可能漲至 285 元，相較之下，廢水回收便顯出其經濟效益。到千禧年後，中鋼已達成製程用水 97% 的回收率（現今回收率為 98.5%），遠超過當時經濟部訂下的七成標準。

然而，畢竟中鋼是高耗水產業，每天需使用 13 萬噸水，約占鳳山水庫供水量的四成，即便努力節流，但只要訂單增加，用水量也會隨之增加。因此從 2016 年起，中鋼開始第二波的省水計畫，它與政府合作，將在地再生水廠處理家庭污水後所生產之再生水，引入工廠使用。

這再生水源於 2013 年的政府政策，本欲利用都市污水下水道收集廢水，透過再生水廠加以處理，期望能使寶貴的水資源循環再利用。但由於再生水每噸成本近 20 元，高於工業用自來水價，因此推動數年來竟乏人問津。

不過，中鋼出於對水資源長遠供應的思考，態度相對積極，遂加碼投資數億改善相關設備，使這再生水能合適製程需求。自 2018 年開始使用以來，中鋼迄今已有五成用水（約 6 萬噸）來自再生水，為全國首個大量使用再生水的公司。2021 年，南台灣因沒有颱風帶來降雨，遭遇半世紀以來的大旱，中鋼則因長久以來在開源節流兩方面的準備，幸而免於衝擊。

中鋼案例呼應著過往永續發展討論中、認為經濟與環保必須關連起來審視的想法，即認為環境資源保護除了作為道德訴求，它其實也與經濟發展密切相關。對此，支持自由市場環境主義（Free Market Environmentalism）的學者認為，資源使用者其實能自發地產生保護資源的強烈動機，對此我們看似能從中鋼數次的「超前佈署」，得到印證。

鳳山溪再生水導入中鋼北站原水池（左）；臨海再生水管線注入中鋼南站水池（右）。
（照片提供：中鋼公司）

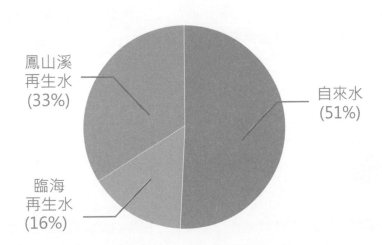

鳳山溪
再生水
(33%)

自來水
(51%)

臨海
再生水
(16%)

中鋼公司的再生水使用比例。

自由市場環境主義：是永續發展討論裡相當特殊的主張，它除了主張仰賴政府干預來實現永續，容易造成策略錯誤、效率低下，還認為這可能會妨礙自由市場本身實現永續發展的能力。

舉例來說，民眾戶外遊憩的需求，其實可以激勵地主為了收費謀利，從而積極保護自身擁有的森林、湖泊與其中的野生動物。但相反的，若是讓政府大量提供免費或低價的戶外遊憩環境，便會消滅這保護的動機。

事實上，因著收費機制，1990 年代的美國與加拿大，共成立了總計兩百多萬英畝的私人自然保護區，供民眾健行、釣魚、騎馬、露營，同時也保護了灰熊等野生動物。

而知名的保育團體奧杜邦協會（The National Audubon Society）也曾與石油業者合作，允許後者以減少環境衝擊方式、在其保護區內開採石油。所賺取之權利金，除了可用以支持協會運作，還能幫助協會繼續購買其他野生動物棲地，加以保護。

案例二　中油公司 協助非洲查德的民眾取得水資源

非洲中部的查德共和國經歷長年戰亂，在聯合國人類發展指數中為世界倒數第三，國內有八成民眾生活在貧窮線以下。出於基礎建設的缺乏，查德僅有 52% 的人口可以享受乾淨飲用水；但撇開平均數字，其實查德各地缺乏水資源的情況，落差甚大，例如北部的提貝斯提區（Tibesti）就只有 5 至 18% 的人擁有安全的飲用水。

台灣中油推動淨零轉型不遺餘力，重視氣候變遷下的風險與機會，成立氣候變遷因應工作小組。

在查德，每年有近 2 萬人死於腹瀉，其中有九成正是因為不乾淨的水與糟糕的衛生狀態所導致的；至於當地的婦女與孩童，每天為了取水都得長途跋涉數公里。查德政府為了改善水資源缺乏情況，制定了國家級的基礎建設改善計畫，此外，它也仰賴來自國際的協助，包括營利與非營利組織。

關於前者，外國企業自千禧年後開始重拾對查德的投資信心，其中並以石油業為最，而台灣中油公司為了實現國內能源自給，也於 2003 年前進查德探勘。起初，中油公司為了敦親睦鄰，通常會將鑿井時於井場開鑿的水井，多拉管線提供附近居民使用。但隨著對查德水資源問題的認識越深，到了 2018 年，中油公司乃將共享轉為捐贈，為 Kiagor 部落建設了手壓式水井。

2020 年起，中油公司又針對最缺乏水資源的部落，協助興建10座水井。到了 2021 年，協助興建的水井已來到 18 座，受益居民超過 8,000 位。

因著便利的水井省下取水時間，當地的婦女於是可以投入更富有經濟價值的活動，從而改善生活品質，至於孩童，也有更多的時間能接受教育，包括前往中油公司協助興建的校舍讀書。中油公司對企業社會責任與永續發展目標的回應，使其得到了 2021「亞洲企業社會責任獎」(Asia Responsible Enterprise Awards, AREA)，以及 2022 年「台灣永續行動獎」銀獎的肯定。

上述的善舉，乃是企業在使用資源的過程中，因著與資源所在地居民互惠的原則所產生的，並且它正呼應著著名的永續倡議者約翰・埃爾金頓（John Elkington）所提出三重底線（triple bottom line）概念中的社會底線，也就是企業在經營過程中，能將當地的生活品質改善問題一併納入考量；而這麼做的同時，它其實也能降低社會摩擦、提升當地人力資本。

中油公司開鑿的水井管線，讓查德婦女省下取水時間，可以投入更富有經濟價值的活動，從而改善生活品質。（照片提供：中油公司）

有了便利的水井後，查德孩童有更多時間前往中油公司協助興建的校舍讀書。
（照片提供：中油公司）

📖 小字典

三重底線：這個概念因英國商業作家約翰 · 埃爾金頓（John Elkington）在 90 年代末出版的《使用餐叉的食人族：二十一世紀商業的三重底線》而聞名於世。

三重底線是指商業活動若要實現永續、不可能不滿足的三個部分；它們包括了經濟底線、社會底線與環境底線。他並認為企業應當透過會計、審計、報告等方式，來評估與說明自身在這三個部分的表現。

舉例來說，在經濟底線部分，Elkington 提到企業在講求效率之餘，也必須將生態效率「產品的生命週期應減少對生態的影響、並合乎地球承載力」納入考量。

在社會底線部分，他相信企業在重視人力資源的同時，還應當擴大範圍，將減少貧窮、穩定人口、女性培力、良好的勞資關係與社區關係都考量在內，並重視每個世代生活品質的提升。在環境底線部分，他認為企業應當思考自身可能對關鍵自然資本（無法更新的自然資源）與可再生自然資本之長久存續所造成的影響，以及與其相關的生態系統運作。

值得一題的是，Elkington 指出經濟底線、社會底線與環境底線彼此之間其實存在著衝突。這正提醒著我們，不應只是把永續發展想成一套僵硬的標準，卻應當深入其中不同面向的討論，尋找最合適的解方。

SDG 6　水資源保護的機會與挑戰

如先前所提到的，解決水資源問題的難度不可謂不高，若只是訴諸道德，往往容易陷溺於推托與虛應，進步緩慢。但此處兩則案例卻提示我們，若能找到具體的動機，則水資源問題的解決，不僅不是額外負擔，更可能是與自身息息相關的核心工作。

在中鋼公司的案例中，我們看到了有智慧的資源使用者，需懂得保護資源；在中油公司的案例中，我們看到了有智慧的資源使用者，不會讓他人對自己的印象、停留在唯獨顧慮自身。若從整體論的視角切入，這意味著任何一個務實的人，都需要以長遠的眼光，考慮自身與他人、自身與環境的密切關係。

然而，參考自由市場環境主義學者的提醒，有時候我們之所以無法以長遠眼光考慮，是因為我們所接收的資訊受到了干擾，例如政府補貼所導致的廉價水費，或一時的產業政策利多，便常常讓我們忽略自己乃生活在先天不良的水資源環境裡，忘卻了中南部豐枯比較大，容易缺水；忘卻了台灣缺乏適合興建水庫的地點，並且現有水庫淤積嚴重、蓄水能力已大不如前。

相對的，實際感受缺水之苦的以色列、新加坡等國家，卻在這具體的動機下，發展出了傲視全球的省水科技。就此來說，想要實現 SDG 6，我們將需要更積極地，在生活中的各個面向去發掘自身與水資源的關係，從而得到珍惜水資源的動機。

🏢 企業實踐可以這樣做

1. **以長遠眼光重新考慮人和**：企業儘管可以因著天時而興起，但若要長久經營，就不可能不將人和「眾多利益關係人的滿足」納入思考。今日的永續發展之所以關注每個人的境遇平等，至少可以追溯自 19 世紀經濟學者對歐洲工業革命與經濟興起的反思。因此企業若忽略這些由來已久的討論之影響力，將只會頻頻訝異於價值觀與制度的變革。

2. **以長遠眼光重新考慮地利**：同樣，企業的長久經營需考慮地利——這是指環境資源的保護。考慮的原因並非只出於資源枯竭問題已近在眼前，更是因為相關討論也至少有百年歷史。就如同人們對使用不可再生的化石燃料之疑慮，其實並非這十年才出現的，若忽略這些討論，屆時企業便需要耗費更大力氣加以應對。

🏫 學校教學的實踐方式

1. **學習系統思考**：西方許多學科名稱之所以鑲上「生態學」（ecology）一詞，未必是因為它們直接或深入地關連於生態科學，卻更常體現出它們是從整體的、系統的角度思考，當然也會考慮到對生態環境的影響，從而能取得更全面的視野。學校課程若善用機會引導學生進行系統思考，不僅有益於引起學習動機，也能擴大學生對問題解決方案的想像。

2. **永遠都考慮動機**：永續發展容易淪於教條，是因為我們忽略去把握實踐永續發展的動機。但以本文為例，使用資源其實就是人們保護資源最原始且強大的動機。因此學校課程若能善加引導學生尋找自身實踐永續的動機（例如從分享住家停水的記憶，思考水資源的可貴），其長期效果將遠勝於對諄諄教誨的表面同意。

7 可負擔的潔淨能源

執筆者 陳鳳涵

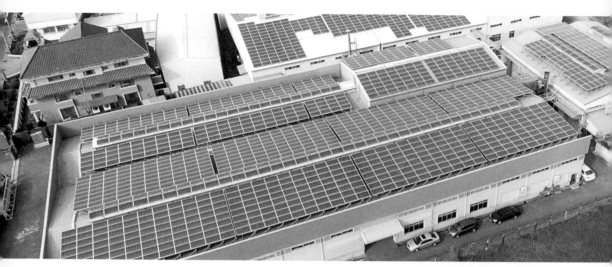

陽光伏特家鼓勵民眾出租閒置屋頂，建置太陽能電廠創造附加價值。(照片提供:陽光伏特家)

在日常生活中，能源系統支持各行各業的發展，從商業、醫院、教育到農業、通訊和高科技、基礎設施，無一不需能源的支持，才得以開展。若缺乏能源供應與轉換系統，將會限制人類生活與經濟發展。

然而過去數十年來，我們所使用的電力主要來自於煤炭、天然氣或石油等化石燃料。碳燃料的燃燒產生大量溫室氣體，約占全球溫室氣體排放量的 60%。

換言之，人類使用能源所產生的溫室氣體，是導致氣候變化的主要原因，這對人類生活安全、福祉和環境都產生有害影響，且範圍並不僅限於某區域，而是遍及全球，影響了所有人。另外，全球用電量正在迅速增長。一個國家或地區，若沒有穩定的電力供應，對其國家、區域的人民生活的穩定及經濟發展，都沒有辦法提供其基礎的能量。

全球仍有 7 億多人沒有穩定的供電系統可用；24 億人使用有害的污染性燃料（如木材、木炭、糞便等）進行烹飪，導致每年有 400 多萬人因室內空氣污染而失去生命。沒有電力，造成醫療機構無法存放疫苗

新北市庶民發電學習社區合作社實踐庶民發電、能源轉型。

或進行治療，削弱衛生系統對當前公衛危機的反應速度。目前世界人口約五分之一（超過 12 億人），沒有電可使用，且多集中在非洲與亞洲 10 幾個國家。缺電造成診所無法存放兒童疫苗，婦女和女孩必須花費數小時取水，商店無法在晚上經營失去競爭力等。

能源是全世界共同關心的問題，也是人類生活與經濟發展的關鍵與重要挑戰。另外，能源扮演著實踐糧食安全具有關鍵性角色，目前現代食品系統，所使用的能源多為非永續性能源。SDG 7 可負擔的潔淨能源，是要確保所有人皆能取得負擔得起的現代能源服務，該目標與其他永續發展目標緊密相連，更凸顯出能源問題的重要性。

案例一 蘆荻社區大學 實現庶民不只用電也可發電

能源議題對一般人而言，是一個嚴肅又陌生的議題。在新北市橫跨三重、蘆洲的蘆荻社區大學（簡稱蘆荻社大）培力在地居民與能源社群，集眾人之力催生出「新北市庶民發電學習社區合作社」（簡稱庶民發電合作社），於 2019 年成立，成為新北市第一個、全國第二個成立的發電合作社。

蘆荻社大主要理念為：「在地社區帶動公民力量，讓由下而上的能源轉型成為可能。」居住在都市的人們，是電力的使用者與消費者，同時也是無法置身事外的污染受害者與風險承擔者。

庶民發電合作社的成立，證明能源議題跟大眾的距離一點並不遠。而都市人也可以自己發電自己用，為公民電廠帶來更多元的思考。蘆荻

社大希望能讓一般民眾對節能「有感」，同時付諸行動，而非停留在政令宣導的層次。

能源是大家的事，但如何讓大家「有感」，庶民發電合作社透過設計親近一般民眾的學習活動，來接觸與連結民眾，從學看電費單的節電講座，帶大家意識自己的用電習慣；舉辦參訪能源的小旅行，看見電的另一端，認識如何發電與環境影響；太陽能工班培訓，親自動手DIY，實現庶民不只用電也可發電；循序漸進的能源學習路徑，讓學習能源不只是知識上的收穫，而是變成一群人的共學行動，發展出在地能源學習社群。

2019 年，庶民發電合作社培力能源學習社群的夥伴，成為庶民能源講師，也因為庶民講師有別於專業的講師，反而發展出貼近一般民眾經驗的能源學習講座，也到新北市 10 個鄉鎮區舉辦節電發電巡迴講座，並整理庶民能源講師教學的經驗，出版《能源玩起來—節電 & 發電庶

不定期舉辦參訪能源的小旅行，由合作社庶民講師現場導覽解說，拉近大眾與能源的距離。
（照片提供：蘆荻社區大學）

民行動指引》，讓民眾依循著手冊指引，就可以一起加入能源學習、
參與發電的行列。

目前庶民發電合作社，目前共建置三個太陽能發電場，分別位於新北
市與宜蘭。其中位於蘆荻社區大學屋頂的庶民發電三號案場，則是打
造成具有教育功能的社區能源教育站，接受學校與各團體預約參訪，
由合作社庶民講師現場導覽解說。讓能源親近大家的生活，透過學習，
重新拉起與能源的關係，讓發電成為生活中的一部分。

發電廠可以有很多形式，不僅僅是技術專業或經濟層面的事，它影響
生態環境與健康，與我們的日常生活方式息息相關，選擇使用何種發
電系統，也代表著我們所選擇的生活方式。若能有更多的民眾參與能
源議題、公民電廠的實作過程，理解電怎麼來、需要付出什麼代價才
能有如此便利的生活，而我們可以選擇兼顧公平正義的再生能源與分
散式電源系統，實踐能源轉型。

庶民發電合作社社員清潔太陽能板。（照片提供：蘆荻社區大學）

陽光伏特家
台灣第一家公民電廠平台

催生公民電廠並不容易,並非所有人都有時間加入合作社或籌組電廠。如何降低民眾參與發電的門檻,達成能源轉型的宗旨「分散而非集中」、「能源民主」,就是一個值得深思的問題。

陽光伏特家是一家聚焦於綠能普及化的能源公司,於 2016 年推出台灣第一個公民電廠平台,2019 年更成為國內首家綠能售電業(陳文姿,2019)。「陽光伏特家」首開全民電廠運動風氣之先,透過網路平台募集屋頂、發動民眾認購太陽能板,降低參與門檻,縮短民眾與再生能源的距離,成為再生能源創新標竿。

該公司突破民眾對能源議題的無感,設計「低門檻」的群募平台。其進行的模式是,一方由民眾提供屋頂,一方民眾參與認購出資太陽能

陽光伏特家與永豐銀行合作再生能源信託,讓發展再生能源成為經濟社會與環境共好的商業模式。(照片提供:陽光伏特家)

實能源轉型的公民參與比投票更積極的能源行動。

板發電，由陽光伏特家負責維運並分配部分發電利得，而提供屋頂的人獲得租金，參與眾籌者則獲得 20 年優於定存利率的售電回饋。

陽光伏特家第一個案場在台南，名為「擔仔 1 號」。有了群募平台與案場，但要找誰來買是另外一個問題，當時在主婦聯盟環境保護基金會號召之下，買下「擔仔 1 號」一半的太陽能板。

同時，經由大眾化的募資，便利的網站介面，讓會員在線上就可以看到自己出資的面板發電率，口碑使得陽光伏特家募資速度越來越快。截至 2023 年，陽光伏特家已帶動超過 40,000 人次出資參與，完成超過 600 座陽光公民電廠。陽光伏特家亦攜手國內 30 家企業贊助，共同開創 30 個回饋社會與環境的綠能 ESG 行動，幫助上千名弱勢對象共享綠能收益。

此外，為了進一步實踐品牌願景「讓能源永續走入民眾日常」，陽光伏特家致力於活絡國內整體綠電交易市場，自 2019 年成為台灣第一間再生能源售電業者後，不僅積極協助大型企業取得綠電，如：台灣大

陽光伏特家與友達光電合作售電，提供買賣綠電更便利的選擇。
（照片提供：陽光伏特家）

哥大、欣銓科技與國泰金控…等，幫助 Gogoro、屈臣氏協助其門市取得綠電，打造民眾日常生活中的低碳場域，也為了協助降低發電業者投入綠電自由化交易市場的顧慮，陽光伏特家透過與永豐銀行打造國內首創再生能源專屬信託服務，解套再生能源融資困境，提升企業、發電業及售電業之間的購電或轉售安全性。

陽光伏特家的行動案例讓我們看見，發展再生能源可以是一種結合經濟、社會與環境共好的商業模式。追求經濟成長也能兼顧社會平等正義，結合更多利害關係人參與及承諾，回應 SDG 7 的核心精神「確保所有的人都可取得負擔得起、可靠、永續及現代的能源」。

陽光伏特家與屈臣氏合作綠電交易，打造日常生活的低碳場域。
（照片提供：陽光伏特家）

🏭 企業實踐可以這樣做

1. **選用節能標章的電器與具有碳標籤產品：**企業進行採購時，優先選購具有碳標籤及減碳標籤的產品，將有助於形成綠色供應鏈之成效。同時，選用節能標章的電器，提升能源效率。

2. **節能減碳，打造低碳辦公室：**在辦公室盡量做到低碳與節約電量，室內的插座設計成下班斷電模式，照明全面使用 LED 燈具；以軟體加上硬體整合的數位管理流程，達成減少紙張使用低碳目標；辦公室綠化；使用遠端會議設施、上下班多乘公共交通或者共乘方式，減少辦公過程產生的溫室氣體排放。

3. **設置自用能源裝備，為辦公室提供電力：**設置蓄電裝置，電力自發自用。不僅可以省電費，也可以不用怕停電。若有足夠電力，可思考反饋於社區，和鄰里居民互利共享。

🏫 學校教學的實踐方式

SDG 7 與能源教育直接相關。首先要喚起學生的能源意識，讓他們理解能源與自身之間的關係，才能促進學生了解能源是什麼，強化節約能源的學習動機，產生行動參與實踐能力。

1. **認識不同型態的能源：**國小低年級學生，著重光、冷熱、太陽的概念，初步理解能源從哪裡來，以及能源的重要性。國小中高年級學生熟悉不同形式的能源生產，了解自己的用電行為，在日常生活中、課堂環境中，使自身的生活用電習慣調整為永續生活的模式。中學以上學習與培養評估能源適當性選擇的能力，了解能源與經濟發展環境之間相互的牽動與影響，明白高效率能源的使用可減少不必要的浪費。

2. **能源發展：**使學生認識與了解台灣能源政策方向，包括國內外傳統能源及新興能源的發展趨勢等議題。面對越來越嚴峻的氣候考驗下，思考能源發展需考量均衡配置與能源需求的公平正義。

8 尊嚴就業與經濟發展

執筆者 蕭戎

東非咖啡教導馬拉威居民種植咖啡，並採取契作方式收購，改善其生活景況。(照片提供:東非咖啡公司)

部分環保人士對永續發展關注經濟發展感到困惑，因他們認為現代社會對經濟發展的過度重視，乃是環境破壞的元兇。他們並質疑「要在經濟與環保間求取平衡」的常見說法，乃是誤將經濟與環保置於平等地位，忘卻環保才是經濟得以存在的基礎。然而，也有學者從另種角度觀察，坦言正是因為「永續發展」一詞中的「發展」看似贊同著經濟發展，才使它相較於其他的環保倡議，得到更多國際社群支持。

事實上，SDGs 之所以重視經濟發展，是從經濟能改善人們生活品質的思維出發，所以在它的細項內容裡，處處可見對落後國家、小規模企業與弱勢者的關懷，它並期望能透過經濟帶來富裕，從而實現社會平等的理想。然而，主流社會長此以往對達成經濟發展的想像，卻是自由放任市場經濟，因為唯有如此才能激勵競爭與進步；政府若是舉著

小農制的生產，透過組織運作，變成大農制的管理模式。

平等的大旗加以干預，反倒可能降低市場效率、弄巧成拙。類似的意見衝突，我們可在歷年來有關薪資、工時等勞工權益的爭議中得見。

退一步思想：SDGs 將經濟發展與社會平等連結起來的理想真的能夠實現嗎？它又要如何面對環境保護的質疑呢？底下便透過案例的介紹，一探此目標可能面臨的挑戰，以及可能存在的解決方案。

案例一　　漢光果菜生產合作社
與農民攜手靠生產優質農產品改善生活

8　尊嚴就業與
經濟發展

台灣蔬菜自給率雖高，但其生產卻因天候條件變化，或供過於求問題，影響著農民生計。八〇年代，雲林菜販廖丁川有感於農民單打獨鬥的劣勢，花費一年說服 50 幾位農友，成立漢光果菜生產合作社，以有組織方式賣菜，藉以提升小農競爭力、改善生活。

合作社決策透過社員大會決定，其產銷分工制度，讓農民只需專注生產，銷售交由專人處理。並且每年都撥部分利潤進行社員培訓，自我充實。同時，由於體認銷售過程層層剝削令收益減少，不穩定通路則影響收入穩定，因此合作社自始便積極地拓展通路，成立年餘便取得供貨大型賣場、連鎖超市的機會，營業額連年成長。但合作社也曉得要維持競爭力，產品得求新求變，特別在食物安全上精益求精。

因此，合作社很早便引進認證制度，並於 2007 年成為全國第 1 個通過蔬菜產銷履歷驗證的合作社。這驗證要求所有產品須按照標準作業程序進行田間管理、施藥施肥，消費者只需掃描產品包裝上的 QR-code，便能掌握生產資訊。

然而，推動過程非常艱辛，因合作社要求所有農民都須採納相同生產標準，包括用藥多寡。起初遭遇強烈反對，但經過半年說服，加上合作社保證收購、負擔驗證費用與管理成本，生產才漸上軌道。但在銷售方面，一直要到 2012 年台灣爆發食安危機，產銷履歷產品才逐漸贏得消費者青睞。

論到合作社的計畫生產，是先根據漢光的農管家生產管理系統資料預測市場需求，再請農民適地適種。在定好品質與價格的保證收購契約後，農民便按照生產作業管理系統流程種植，並由產銷履歷管控中心把關。其把關十分嚴謹，例如當遭遇病蟲害時，農民需向中心通報，合作社首創的「蔬菜醫院」會根據產銷履歷資料，開出合法可用藥肥藥單，由中心調製符合安全規範藥物後，再配送給農民使用。農民每次用藥與施肥，也都會記錄於生產履歷系統。

到收成前，蔬菜必須先送往管控中心設立的質譜儀檢驗室，農藥殘留量檢驗合格後，農民才能正式採收。收回來的菜交由合作社的低溫包裝場負責包裝、出貨；合作社亦有冷凍庫可供儲藏，可避免賣不完只得賤價出售的窘境。

目前合作社共有 200 多位社員，種植面積達 190 公頃，近年合作社又積極拓展有機產品，生產包括有機葉菜、高麗菜及胡蘿蔔，助攻台灣永續低碳農業。合作社理事主席廖丁川估計，目前合作農民只要種到五分地以上（台灣農戶平均耕作面積為 7.4 分地），年收可破百萬。透過由下而上的合作，不僅農民生活品質改善，環境也避免了因過度用藥導致的土壤酸化、鹽化與水污染。

漢光果菜生產合作社採科技化共同運銷制度，提升農民收益。
（照片提供：漢光果菜生產合作社）

合作社社員陸續輔導成為有機農戶，生產有機葉菜、胡蘿蔔等，打造綠色低碳農業產業。
（照片提供：漢光果菜生產合作社）

案例二　東非咖啡公司
在馬拉威教導居民種植咖啡自力更生

台商施鴻森不僅在馬拉威種植咖啡，更與國外非營利組織（NGO）合作成立扶貧計劃，用行動與經濟幫助當地居民。（照片提供：東非咖啡公司）

馬拉威共和國位於非洲東南部，曾為聯合國評估為世界六大貧窮國家之一，有55%的人口生活在貧窮線以下。除了貧窮，馬拉威還有超過百萬人感染愛滋病，加上旱災導致的饑荒，導致早夭（10%的嬰兒死亡率）與平均壽命較短（約36歲），使得長久以來，馬拉威發展緩慢，因此有許多跨國組織、企業，紛紛給予協助和關懷。

千禧年之初，來自台灣的施鴻森原本在馬拉威經營伐木事業，雖然事業成功，但他很快就意識到伐木與環境保護的衝突，難以永續經營。為了兼顧利潤與環保，施鴻森開始與當地非營利組織的專家們合作建立「馬拉威咖啡農民扶貧計畫」，由後者提供土壤調查、種苗引進與植栽技術，前者則成立東非咖啡公司負責種植、保收、生產、銷售。

這計畫欲透過教導當地民眾種植咖啡，並採取契作方式收購，以改善其生活景況。但沒想到計畫推動之初，竟乏人問津，原來是當地人民已十分習慣接受國外援助，反倒失去自力更生的動機。透過與地方領袖攜手持續說服，扶貧計畫終於成功啟動，並在 2012 年成功種出第一批咖啡豆，銷售至包括台灣的海外國家。

此計畫經過詳細規劃，每戶只分配 200 棵咖啡樹，因為樹少好照顧，農民可以直接用手抓蟲，不必噴灑農藥；摘採時也已經過挑選，省去了後續處理的功夫。其次，由於當地農民種植咖啡的三年期間，總有生活開支與購買肥料需求，東非咖啡公司便提供微型貸款，先借貸給農民，之後再從收購費用中扣除。

該計畫原本欲協助 2,000 戶農民，但如今已超過 8,000 戶，共有 80,000 名農民參與，總種植面積達 8,000 公頃。並且這計畫也讓參與契作農民的收入提升 63%；2017 年，開始有農民因經濟狀況改善，得以興建房屋、購買交通工具。

而施鴻森還撥出販售咖啡的部分盈餘，為產區學校興建教室、師生宿舍，鼓勵偏遠山區咖啡農的子女前來就讀。他並與當地台商會合作，要幫當地學校蓋廁所。這是因為學校沒有廁所，竟導致青春期後的女孩不再來學校，中斷學業。因此，他們希望透過建設，讓女孩們回來讀書。

此外，施鴻森還協助改善公共設施，包括為醫院興建太陽能照明設備、建設橋梁與水井等，也捐助蚊帳防治瘧疾，以及運動設施。他也曾經在台灣募集衣物與鞋子，捐贈給當地偏遠地區與弱勢家庭。

近年，東非咖啡公司又開啟了生態養蜂計畫，並獲得聯合國提供資金，希望延續先前咖啡成功經驗，嘗試讓經濟活動與自然生態得以共存。施鴻森並因此在 2021 年獲得僑委會頒發海華榮譽獎章表揚。

📖 小字典

社群經濟學：是生態經濟學家反思主流經濟思維後所提出的理念，它關注著小型的、親密的、人與人之間關係的社群。在其中，人與人之間能有頻繁的溝通，從而建立共識，自主決定發展方向；他們也更願意分享自身利益，認為自己對社群裡的他人負有責任。

正因此，它不會嚮往經濟規模不斷擴大，也不贊同由上而下的訂定齊一目標再加以執行——就算這麼做能令 GDP 成長、提升國家利益。相反的，社群經濟學懷疑這麼做，反倒可能對傳統社群的緊密且富有價值的關係，造成威脅。

像這樣的經濟學，它所反映的是對人類幸福的另類想像，同時影響著現代永續發展的內涵。舉例來說，舉著永續旗幟的反消費主義運動、促進非物質主義生活方式的倡議、不要過度嚮往高效率並拋棄能源密集工業、應當重新發現地方經濟寶貴價值等種種呼籲，便是從這樣的想像開展出來的。

SDG 8　重新思索經濟活動中的人的本質

生態經濟學者批評主流經濟思想將人設想為孤立、自私的經濟人，因而合理化了自由市場裡的種種作為，卻反倒將「利他」視為非理性的行為模式。

然而，經濟學家修馬克（Ernst Schumacher）與赫曼・戴利（Herman Daly）卻提醒我們需重視人與社群的奇妙關係。即人確實有可能在追求自身利益的過程中，同時也重視其所在社群的福祉，並從這社群當中得到深層的滿足。

他們因此呼籲，人們需要更多地呵護與提倡這類的經濟活動。從前述的兩個案例，我們可發現兼顧經濟、平等與環保，並不是沒有挑戰，但也絕非遙不可及，反倒因為有信念的支持、情感的連結，人們在面對挑戰時能更具韌性，不輕易退縮。

企業實踐可以這樣做

1. **重新思考以人為本的企業經營**：生態經濟學與主流經濟學在哲學人類學上的爭議，提供我們重新思考「人的本質為何」以致於「經濟活動該如何反應人的本質」的機會。主流經濟追求利潤，但試問當企業員工回到家中、面對家人與朋友時，也是把金錢利益看得最為重要嗎？還是我們的一舉一動其實更在乎價值與意義呢？我們該把這種不一致視為正常，或懷疑它正是使我們身心俱疲的原因之一、從而勇敢且具創意地追求新的平衡呢？

學校教學的實踐方式

1. **學習關懷弱勢**：由於主流教育氛圍強調競爭，察覺與關懷弱勢常常落入個人範圍、成為少數人的經驗。許多學生渾然不覺自己的表現優異，未必是因為有過人才能，而是有豐富家庭資源支持；其他學生表現不佳，未必是愚笨懶惰，而是人人皆有的惰性與惡劣環境的惡性循環。藉由在學校課程中，製造更多關心弱勢的機會，才能理解何以永續發展對經濟的討論、始終存在著實現平等的聲音，進而思索，何種改善生活品質的方案最為合適。

2. **營造合作挑戰機會**：近十年在台灣興起的戶外教育熱潮，重點之一就在藉由戶外場域的多樣性，提供學習者合作挑戰之機會。這些挑戰比起紙筆測驗更貼近真實世界，它不只關乎智能、也需要體能、勇氣、耐心，以及溝通協商的能力。它除了能讓學習者找到更多發揮自身能力的機會，也讓他們體會單打獨鬥不總是有效，發現合作互補之重要性。從而能對學習者想像真實社會裡合適的經濟活動，有所助益。

9 產業創新與基礎建設

執筆者 游曉薇

上銀科技聚焦於協助客戶環境友善的「永續產品」及提升產業競爭力的「智慧製造」。(照片提供:上銀科技)

18 世紀蒸汽動力、棉紡織和鐵路問世,工業革命發軔距今不過兩百餘年,但人類社會發生了巨大的變革,各國工業發展幾乎與國力強盛、社會進步與文明成為等同指標,高質量的基礎設施與社會經濟的實現呈正相關,形塑人民整體生活的樣態、文化、文明的發展,而且各國間的落差越來越懸殊。

根據聯合國的調查,2016 年約 26 億人面臨無法全天候取得電力供應;有 25 億人無法有基本的衛生設備;道路、資訊和通訊技術、衛生、電力和水等基本基礎設施,在許多開發中國家仍相當稀少。甚至許多未開發國家,連第二次工業革命的程度都未達到。

SDG 9 項目範圍涉及非常廣且複雜,常見的基礎設施包含:交通、灌

溉、儲存設備、能源、電氣化和通信技術等，這些大型的基礎設施、公共建設、重點產業常是國家發展的火車頭。但是提起「工業」、「基礎建設」很多人會想到製造業，接連想到它們所造成的環境污染、生態破壞；追求經濟發展就必然和環境永續違背嗎？其實不然。

在追求永續的思維下，若能夠透過新技術、新研發、新科技、新管理等方式達到循環經濟、零污染、零碳排等永續目標，在各式樣未來新科技的發明與普及下，帶動技術創新與數位轉型，有永續、韌性的基礎建設與產業為基底，對於 SDGs 其他各項指標的推動必定也會有連帶成效。

案例一 55688 集團
台灣大車隊透過 AI，讓交通運輸更智慧

大眾運輸、慢行交通所構成的綠色交通、智慧交通，是推動永續的優先選項。計程車屬於（準）大眾運輸，近年網路普及、共享經濟風潮下，打開多元計程車市場，減少自行開車、環保又省錢。而在疫情期間載送居家檢疫及隔離人員、酒後代駕的政策推動上，計程車也展現其運輸彈性。

計程車也幫助縣市政府解決偏鄉的交通運輸問題。2014 年率先由高雄市開辦「小黃公車」，之後台南、屏東、台中等各縣市陸續開辦，成效良好。以固定的路線、站牌及班次時刻，票價比照公車計費，招攬計程車業者代替公車，也更方便長者、行動不便者搭乘。

在此以 55688 集團（55688）旗下「台灣大車隊股份有限公司」來做為產業永續轉型的案例說明。該公司 2002 年開始商業運轉，專業於 GPS

衛星派遣叫車服務，該公司導入科技化、紀律化、優質化管理，進行產業轉型，不僅注重計程車司機的勞動權益、尊嚴、服務品質，衛星定位派遣系統（3G-GPS + GPRS + GIS）、電子地圖的科技運用，逐漸成為台灣市占率最高的車隊，也為整個產業與交通運輸帶來改變。

為減少碳排，「台灣大車隊」2005 年起，從線下管理做起，加入車隊標準為車齡 5 年內。2017 年起，鼓勵旗下司機淘汰老舊車款，更換成油電車、電車。2023 年 4 月起，APP 提供「節能減碳車」叫車選項。

當網路、行動智慧普及後，民眾對於即時、整合的行動化應用增加，「55688 集團」也投入全方位的生活服務媒合平台研發與經營，投資平台經濟、AI 大數據開發，持續進行交通智慧運輸的研發。

2021 年推出 AI 熱點（AI 技術預測叫車熱點服務），使用該系統的計程車司機每天平均減少 1 小時的空車時間，油耗成本每月減少 5,000 元，碳排每月減少 1,851 磅，以台灣大車隊 2024 年第一季 25,000 台計程車來計算，一年共可減少 5.5 億磅碳排。

車上裝置的「AI 智慧影像辨識系統」也可發揮碳排糾察功能。2023 年和致力改善城市空氣品質的台中市政府合作，將車牌辨識裝置與 AI 智慧影像辨識系統裝設在計程車上，藉由計程車行駛路線的廣泛性與高機動性，協助找出排放高污染源的烏賊車。

📖 小字典

智慧運輸系統發展建設計畫：交通部自 2017 年起便積極投入「智慧運輸系統發展建設計畫」，期待以 5G、AI、大數據等新興科技並善用我國資通訊之技術優勢來達到智慧運輸永續發展。

自 2023 年世界地球日開始，55688 APP 提供「節能減碳車」叫車選項，邀請民眾一起與「環境保育、綠色永續」共乘前行。（照片提供：55688 集團）

台灣大車隊是全台最大的減碳計程車隊，2024 年減碳排約等於 2 千 5 百萬顆樹木的吸碳量，等於為全台每人種一棵樹。（照片提供：55688 集團）

案例二　上銀科技 帶動產業轉型，升級邁向智慧機械

台灣製造業以高品質、快速且具有彈性的生產效率居於全球供應鏈重要地位，包括機器人、工具機、自行車、水五金等隱形冠軍企業。自 2013 年德國所提出的「工業 4.0」國家戰略後，各國相繼投入以人工智慧與物聯網技術為基礎的「智慧製造」，以掌握國家產業的核心競爭力。而台灣精密機械的領導品牌「上銀科技股份有限公司」，成立於 1989 年，以 HIWIN 自有品牌行銷全球，專注於高精密、高效能、環保節能之關鍵零組件及次系統、系統的研發與製造，目前是線性傳動元件全球第二大廠。

上銀在 SDG 9 聚焦於協助客戶環境友善的「永續產品」及提升產業競爭力的「智慧製造」兩大產品支柱。至 2022 年 12 月底，累計專利申請量已達 3,421 件，已獲核准之全球專利總數達 2,824 件，並於 2019 ～ 2022 年間於全球申請 245 件綠色專利。

為提升研發與人力培育，上銀科技自 2005 年以來即密集進行產學合作，在多所大學投入基礎技術研究，2022 年共有 22 所大學為當年度的產學合作夥伴，成果例如：首發量產的人工智慧產品 i4.0BS® 智慧型滾珠螺桿，藉由感測器、AI 大腦與關鍵零組件的組合。透過此產品，上銀科技與台灣工具機產業合作夥伴，攜手共同成立「智慧製造精進聯盟」，從關鍵零組件升級，帶動台灣工具機產業智慧化。於 2004 年起每年斥資千萬元創辦「上銀機械碩士論文獎」（HIWIN Thesis Award），期能結合產學界的力量，加強研發升級，提升產品附加價值與產業核心競爭力。

產業加值部分，上銀科技於 2017 年在經濟部工業局的支持下，由蔡惠卿總經理擔任「水手計畫」主持人，協助台灣中部地區水五金與手工

「上銀科技」為機械研發領先廠商，也帶動產業鏈一起永續。

上銀科技與台灣工具機產業合作夥伴，攜手共同成立「智慧製造精進聯盟」。
（照片提供：上銀科技）

具產業轉型，加入業者包括：隴鈦銅器、勝泰衛材、銳泰精密、伯鑫工具，建置高彈性的智慧製造產線，運用智慧機器手臂進行工件的上下料、研磨拋光、成品檢驗等，改善加工製程的作業環境惡劣、工作辛苦，造成嚴重缺工以及產業人才斷層問題，成功打造水五金與手工具的智慧製造典範工廠。

📖 小字典

精密機械的傳動元件：以滾珠螺桿舉例，主要是傳動和定位功能，凡是有移動定位需求的機械都要使用，滾珠螺桿比傳統的定位準、轉動快，讓機器有能力進行精密加工的運作，尤其在高階工具機中應用。

SDG 9　永續、智慧，讓基礎建設、產業，更具韌性

近年每當台灣遭逢天災（尤其在劇烈氣候下）、重大意外事件時，就讓我們檢驗與反思基礎建設是否已具有韌性。當台灣經濟與貿易受到世界與疫情影響，會讓我們考慮台灣產業的未來發展。當產業面對淨零碳排、碳稅等機制時，會以永續、數位概念來創造、創新。

2017 年台灣開始為期 8 年、經費總額達 8 千多億元的「前瞻基礎建設計劃」，整體計畫內容含括八大建設主軸：建構安全便捷之軌道建設、因應氣候變遷之水環境建設、促進環境永續之綠能建設、營造智慧國土之數位建設、加強區域均衡之城鄉建設、因應少子化友善育兒空間建設、食品安全建設，以及人才培育促進就業建設。每一個主軸都值得讓身處在台灣的我們，去思考、感受自己所處的環境，我們目前遭遇到了什麼問題，用了什麼方法來面對、解決，上至國家、到產業、到個人，面對台灣未來的三十年，我們這樣做夠了嗎？

台灣的科技、產業創新能力在全世界名列前茅。SDG 9 目標因為牽涉範圍廣大，故考量的層面複雜，政府施政、企業的相關政策、研發、治理上都要朝「永續」的思考前進，透過科技化、智慧化等創新方式，同時考量達成經濟、環境、社會的發展與平衡。

以「交通運輸」來舉例，台灣永續報告書中，對 SDG 9 的主要目標「建構民眾可負擔、安全、對環境友善，且具韌性及可永續發展的運輸」。在實際執行過程中，絕對不只包括鐵路、公路的鋪設建造與否，或是運量提高，最重要還要考量「韌性」，包括：天災的應變、城鄉平衡、交通正義等，另一方面也透過智慧科技讓整體的交通運輸更智慧、更安全、更經濟。

SDG 9 常見是以國家政策或是大型企業來策動，但是我們也可以觀察民間的呼應力量，承接上段已「以交通運輸」來舉例：2023年發起的「平安走路許願帳戶」，就是公民力量結合新科技（群眾標註 GPS），號召公民上傳難走的人行道照片，兩個月就有 4 千多張照片上傳到平台，讓「永續」的實踐力，成為公民日常的一部分。

🏢 企業實踐可以這樣做

1. **了解國家級建設計劃的發展**：基礎設施如電力、能源、網路、金流等是許多企業生存，國外企業來設廠的重要考量關鍵，故對於國家政策展需要多加關注。如：台灣現正進行「前瞻基礎建設計劃」的施行狀況。

2. **洞察時代趨勢與國際情勢**：工業 4.0 的浪潮、中美貿易戰、新冠疫情等，是近幾年企業面臨的重大挑戰，未來面對地緣政治、國際通膨、邊境碳稅等持續的情勢變化，都必須要關注。

3. **提高與投入研發計劃、經費**：為了居於領先地位，企業應提高研發經費，重視研發人才的培育與維持，並且以世界永續的概念，思考技術的輸出。

🏫 學校教學的實踐方式

1. **讓學生認識基礎建設與自己生活的關係**：觀察自己所生活的城市在基礎建設上的韌性是否足夠？對使用者來說，當前的基礎建設是否為可負擔、安全、對環境友善、可永續發展呢？如電力、水利、道路、能源、交通運輸。

2. **培育具永續思維的研發人才**：在課程中融入 SDGs 的議題，帶動學生在永續的思維模式下，學習看待世界的方式。

10 減少不平等

執筆者 鄭岳和

One-Forty 協助移工適應在台灣的生活、增進和雇主的良好互動,也累積回國後的重要知識技能。
(照片提供:One-Forty)

根據 2022 年世界不平等報告指出,全球不平等在 1820 年至 1910 年間加劇,在 1910 年至 2020 年間更穩定在非常高的水平。到 2021 年「全球最富有的 10% 人口占全球收入的 52%,而最貧窮的一半人口賺取其中的 8.5%」。

換言之,經過數百年的發展,強調大量生產與消費的資本主義發展模式,在創造巨大財富的同時,也將結構性的貧窮與對環境的破壞推擴至邊陲區域。核心與邊陲不平等的現象被進一步推升,並被隱藏在富裕生活的表象下。最終促使環境破壞問題升級為全人類的生存危機。

SDG 10,著重在以 2030 年為目標,減少收入不平等,促進社會、經濟和政治的包容等。2022 年永續發展報告認為在新冠疫情之前,有許多指標顯示收入差距在縮小,然疫情似乎改變此趨勢,並加劇結構性和制度性歧視。

另外,烏克蘭戰爭持續帶來的難民問題,在在顯示面臨預料外的危機,

Plahan 伯拉罕利用原民部落力量，打造共同生活與照顧網路。

對身處不平等的弱勢族群，帶來更難以承受的衝擊。

台灣目標 10 重點為「兼顧人性尊嚴與社經生存平等，提供各項包容及支持性措施。包括改善原住民就業、性別平等、弱勢社會保障、提升社會底層家戶所得，鼓勵社會創新與社會企業發展、促進與開發中國家間之合作等。」對於將在 2025 年進入超高齡社會的台灣，醫護資源的不足與不平等，加上原有城鄉差距、移工等問題，這些都是當前面對不平等問題的挑戰。

案例一

伯拉罕共生照顧勞動合作社 為原鄉長者提供 24 小時照護

2019 年成立於台中市和平區達觀部落的「伯拉罕共生照顧勞動合作社」，整合了政府長照資源、醫護與偏鄉人力，自創 All in One 24 小時整合照顧服務，為原鄉長者提供照護。

原本 2018 年達觀社區週邊的照服員不到 5 位，服務 7 位長者；然事實上，和平區法定高齡者有 2,397 位，推估長照需求者為 574 人。這是因語言文化差異、照顧方式缺乏彈性等各種問題所導致。

截至 2022 年 7 月 31 日的統計資料顯示，目前在此的照顧工作者共有 21 位，照服員人數 56 位。其中 45 位為原住民工作者，47 位人員在 40 歲以下。人員由泰雅、布農、漢人、賽德克、太魯閣五種族群組成，24 人取得一級證照。居家服務人數為 120 人，居家不限時間服務人數 31 人，顯見伯拉罕帶來的改變。

所謂 All in One（AIO）共生整合照顧模式，是由伯拉罕的創辦人，前台中市副市長林依瑩所設計。她打破政府長照 2.0 依服務項目、時間

等申請補助的方式，改以人為中心，為不同個案設計不同的照顧計畫。她們曾協助希望返家的重症長輩出院，搭配醫護人員的協助，由所有照服員輪班接力提供 24 小時照護。最終當長輩得以拔除氣切管，回復日常生活時，其照護時間也能隨之調降。

透過一次次實驗與整合，伯拉罕發展出共生照顧模式：「核心是照服員，搭配居醫、居服、社工、護理，還有職能治療師、物理治療師；此外還有居家打掃與空間美學。」這既能解決偏鄉長照問題，也同時創造就業機會。偏鄉與高齡化的危機，在此成為地方創生的轉機。

伯拉罕的成功，帶來各單位與媒體的關注與報導。例如 2021 年《今周刊》以伯拉罕服務為題的「大安溪畔的奇蹟」報導獲獎，這也促使 2022 年伯拉罕中選羅布森書蟲房的社會公益方案，於台中烏日啟動 CFT 照顧學校（Care For Taiwan），培育長照人才、師資與跨專業團隊，並推廣 AIO 整合照顧模式，為國內偏鄉老年照護與健康不平等問題，帶來翻轉的曙光。

透過愛護土地的社區養雞模式，找到屬於長者的生活力、生命力與生產力，也提升部落身障者就業機會，解決部落照顧缺口。（照片提供：伯拉罕共生照顧勞動合作社）

階段性 24 小時的居家照護，讓重症長輩從臥床且有氣切管與鼻胃管無法行動的狀態，逐漸改善到能夠自主進食、說話，且在陪同下步行外出重新參加教會、文健站等社區活動。（照片提供：伯拉罕共生照顧勞動合作社）

整合照護團隊由居家醫師、居家護理師、照顧服務員共同組成。
（照片提供：伯拉罕共生照顧勞動合作社）

One-Forty 四十分之一
挺移工學中文，創造勞雇共好

在自詡充滿人情味的台灣，有一群人卻經常承受人們鄙視、冷漠、避之唯恐不及的眼神。這是國內不平等與歧視的活教材！他們是「外勞」，因為他們與我們不一樣，所以我們可以心安理得的讓他們執行骯髒（dirty）、危險（dangerous）與辛苦（difficult）的 3D 工作。這道他們與我們間的分隔，隱微的維繫著我們的自我認同，也讓我們對其中的不平等感到自在。這樣結構性的不平等與對人的隱微否定，仍待多方面的努力，或能期待有所改變。

創立於 2015 年的 One-Forty，是個關注東南亞移民教育的非營利組織。當時台灣有近 60 萬外籍勞工，是人口的四十分之一，這也是 One-Forty 的命名由來。創辦人陳凱翔曾撰文指出，這些生活在台灣社會中的東南亞移工朋友們，人數已經「比原住民的總數還要多，但你真正深入認識成為朋友的有幾個？他們大多在台灣一待就是 5 年、10 年，又有哪些場合可以讓他們盡情展現自我？哪個公共設施是為了他們的友善設計？」

One-Forty 成立至今已舉辦超過 120 場文化交流活動，如東南亞廚房派對、移工假日街區小旅行、社會設計議題工作坊等，吸引超過 5 萬台灣民眾參與；拍攝 60 多支移工故事倡議影片，線上有超過 300 萬人觀看，以及舉辦年度倡議特別企劃等。這些面向大眾的倡議活動，為台灣社會注入良善的人性力量，既促使移工們在此展現才華，也讓人看到「他們」與「我們」是一樣的，充滿對生命的夢想與熱情。

One-Forty 的使命是「讓移工在台灣的這趟旅程能充滿價值、獲得啟發，協助移工打破貧窮的惡性循環」。他們針對移工來到台灣，在適應、發展、探索與自主四個方面，以人為本的思考移工的境況，提供教育

與培力。搭配移工人生學校、移工線上學習平台等,協助他們去實踐「當初飄洋過海所帶來的夢想」。作為新世代非營利組織,One-Forty 確實翻轉社會大眾對於非營利組織的想像。於是我們看到台灣的善意與人情味,正跨過歧視這道高牆,努力消除不平等,實踐尊重多元價值與更包容的社會。

10 減少不平等

移工人生學校是一個專為東南亞移工量身設計的學習社群,讓移工利用週日放假時來上中文課,還有像是攝影、說故事、藝術創作等不定期工作坊。(照片提供:One-Forty)

One-Forty 幫助剛來到台灣的移工適應新的生活環境、提供各項知識技能的課程。
(照片提供:One-Forty)

🏢 企業實踐可以這樣做

社會不平等結構的形成由來已久，企業作為此結構的重要組成部分，對不平等現象的回應，是形成改變的關鍵性角色。企業社會責任（Corporate Social Responsibility）即要求企業對社會、環境的永續發展有所貢獻。故關於 SDG 10 的企業實踐，建議如下：

1. **檢視不平等與企業的關係**：如同考察從生產到銷售所產生的碳足跡，企業亦能從自身各項活動或提供的產品服務中，檢視此過程或結果與不平等的關係。亦即除獲利外，企業存在是否有益於社會正義？在創造財富的過程中，是否可能助長不平等？什麼樣的行動能夠促進平等？

2. **思考能促進社會正義的企業型態**：新科技、新觀念經常以意料外的速度，改變社會樣貌。改變營運可能產生的不平等或各種對人權的隱然壓迫，不僅能提升企業形象，促進社會進步。也能在浪潮來臨時，對企業帶來益處，甚或進一步引領潮流發展。

3. **由上而下、由內到外的行動**：高層的視野與支持承諾，能為改變帶來真正的動力；公司內部平權與公義理念的提倡，也能促使相關客戶、供應商、消費者與社區的共同進步。從本文介紹的兩個例子可看到，面對不平等，人們能透過理念結合力量帶來改變。這一切都來自於人，因唯有人能穿透富裕表象，體會人類痛苦，並願意為他人採取行動。

🏫 學校教學的實踐方式

在習以為常的不平等社會生活裡，教育最能讓人穿透一切皆合理的表象，見證不平等的真實樣貌。從思考不平等的起源，觀察不平等被穩固的脈絡，或讓學生體驗自身在不平等結構中的各種角色。這些都有賴教育者對現象的洞察，以及對社會正義理想的追求。對於 SDG 10 的教學實踐，建議如下：

1. **哲學是對不平等的反思**：對不平等現象的覺察，促發了哲學思考，並帶來改革社會的行動。讓學生們跟隨哲學家的脈絡視野，檢視眼前日復一日的社會，能點燃思想火焰，促進人們對生命理想的熱情。

2. **更銳利的視角與更廣闊的胸懷**：無論如何，人人都已身處不平等的結構裡。不論自覺或不自覺，在改變來臨前，人們只是在鞏固已然存在的現實。要穿透自身所處幻覺，須要培養批判思考的能力；為了能開啟更理想的未來，須要鍛鍊對人的廣闊心懷。因社會正義理想的實現，並非來自對人的否定，而單純只是為人而已。

3. **培養堅定行動的毅力**：不平等體制由來已久，其中社會、經濟、文化等因素環環相扣，甚至化身傳統而成為人們依戀的對象。故若個體因見證不平等，而意欲改變社會，就不僅要有發動改變的勇氣，更要擁有能持續行動的毅力。因成為體制的不平等，一如往常的日日鞏固、前進。朝向理想的努力，亦必須能持續採取相應的行動。

在台北車站大廳，原本互不相識的彼此，因為相聚在這個公共空間，而開啟一連串的故事與交流。尤其，這裡對遠渡重洋的東南亞移工來說，是第二個家。
（照片提供：One-Forty）

11 永續城市與社區

執筆者 洪銘德

台灣高鐵公司委託技師進行邊坡現場勘查。（照片提供：台灣高鐵）

台灣位處西太平洋颱風帶及環太平洋地震帶，為最容易受到天然災害影響與衝擊國家，且依據 2005 年世界銀行所出版之《天然災害熱點：全球風險分析》報告，台灣約有 73% 人口居住在可能會受到三種以上災害衝擊之地區，超過 90% 國土可能受到兩種以上災害衝擊。

由於受到特殊地理位置的影響，颱風、地震、淹水以及土石流等天然災害頻傳，對台灣帶來極大的安全威脅；又受到因都市化範圍的不斷擴大、極端氣候等多重因素影響，容易發生複合型災害，嚴重威脅人民的生命財產安全。

根據世界經濟論壇出版之《2021 全球風險報告》（The Global Risks Report 2021），全球潛在最大風險的前五名分別為極端天氣、失敗的

台灣高鐵公司入選企業騎士 (Corporate Knights)「全球百大永續企業排行榜」，2023 年全球第九名、2024 年全球第四名，連續 2 年皆為亞洲企業第一名。

氣候行動、人為環境災害、傳染性疾病與生物多樣性下降。且《2021台灣企業領袖調查報告》將氣候變遷與環境破壞納入風險管理架構中，顯示企業領袖日益重視氣候變遷與環境永續發展等相關議題。

加上，不論是 SDG 11 的細項目標與實踐策略，或是台灣的 SDG 11 細項目標及其對應指標，皆強調「防災整備」、強化「韌性」，以及瞭解災害風險並強化災害風險治理的重要性，除了有助於強化自身的氣候「韌性」能力，並利於大幅減少各種災害所帶來的死亡與受影響人數以及經濟損失。其中，SDG 11 係為透過住居、運輸、防災、環保、資訊建設、社會安全、民眾參與、文化傳承等面向，目標為建構具有包容、安全、韌性及永續特質的城市與鄉村。由於台灣為容易受到極端氣候事件影響之國家，又 SDG 11 包含許多面向，本文將從防災、風險控管以及強化韌性來說明台灣高鐵與杜邦公司所採取的相關政策作為。案例僅為 SDG 11 在韌性等永續實踐作為，也強調整體系統思考，而目前在整體城鄉發展，具備韌性思維是相當關鍵與重要。

案例一　台灣高鐵 提升營運安全、擴大公共運輸

為能降低各種災害造成的影響與損失，建構具安全、韌性與永續的城市與相關，除了政府持續強化自身的災害應變能力外，企業亦強調降低災害風險的重要性。例如台灣高鐵公司董事長江耀宗即指出，該公司的未來五年（2023-2027 年）中長期策略規劃除了呼應聯合國永續發展目標（SDGs）之外；並將 ESG 融入經營策略，積極推動永續觀念。

其中，ESG 的具體六大策略中即包含「因應環境變化，減低災害風險」，

除了符合「大幅減少各種災害的死亡及受影響人數」此一 SDG 11 之外，亦屬於 SDG 11 之實施策略「實施各層級的災害風險管理，提高災害韌性的發展政策和計畫」。同時，這亦符合台灣 SDG 11 與 SDG 13 之細項目標「降低各種災害造成的損失」與「強化各國對氣候變遷浩劫、自然災害的抵禦和適應能力」。

對此，台灣高鐵公司持續提升營運安全，積極面對氣候變遷對運輸造成的衝擊，建立相關預警機制，列車營運沿線設有「天然災害告警系統」，若偵測到地震、異物入侵、邊坡滑動、落石等與安全直接相關之危險信號將觸發列車自動控制系統發送停車指令停駛列車，而系統中的地震偵測器，亦能精準監控區域地震的範圍，確保行車安全。

此外，為有助於提供安全、可負擔、易於使用及永續的交通運輸系統，改善道路安全，尤其是擴大公共運輸，特別注意弱勢族群、婦女、兒童、身心障礙者及老年人的需求，台灣高鐵公司亦採取以下措施以達成 SDG 11.2 此一細項目標：

(一) 持續提升特定族群便利性的服務、軟硬體設備及配套措施，如 2021 年完成板橋站及桃園站電梯增設、嘉義站臨停載客區雨遮增設、改善苗栗站一樓大廳廣播以及車站售票窗口資訊顯示系統。

(二) 陸續於各售票通路提供敬老票與愛心票購票服務，提供旅客更多元的購票及取票管道。

(三) 與各地教育、慈善機關合作，協助弱勢族群免費搭乘高鐵圓夢，截至 2022 年累計共 816 個弱勢團體，共 145,479 人次參與「微笑列車」活動。

📖 小字典

1. 2004 年聯合國發布《Who Cares Wins》報告，指出企業應將「ESG」涵蓋至企業經營的評量標準中，「ESG」含括環境保護（Environment）、社會責任（Social）與公司治理（Governance）。

2. 災害韌性（Disaster Resilience）係指個體、組織、系統或在遇到環境變動或災害所帶來的衝擊時，因應、面對或適應這個變動和衝擊的能力，讓個體、組織、系統能回復或接近到原本的狀態。

3. 根據《2023 年永續發展報告》，為有助於永續發展，杜邦創立八個創新平台分別為：高性能運算（High performance computing）、使用者介面（User interface）、高頻連接（High frequency connectivity）、先進機動性（Advanced mobility）、乾淨水資源（Clean water）、應用醫療保健解決方案（Applied healthcare solutions）、永續與生產性建設（Sustainable & productive construction）以及個人防護（Personal protection）。

4. 「仙台減災綱領 2015 — 2030」中所強調的四個優先處理項目為：明瞭災害風險、利用強化災害風險治理來管理災害風險、投資減災工作以改進耐災能力以及增強防災整備以強化應變工作。

案例二

杜邦公司
利用八大創新平台達成永續發展目標

杜邦公司制定一系列的永續計畫以呼應聯合國永續發展目標（SDGs），並訂出創新（Innovate）、保護（Protect）以及賦能（Empower）三大行動架構。其中，關於淨零方面，公開承諾 2050 年要達到碳中和，2030 年減碳目標從 30% 上調至 50%（範疇一、二，以 2019 年為基準），並有六成電力來自再生能源。

八大創新平台

高性能運算

使用者介面

個人防護

永續與生產性建設

高頻連接

應用醫療保健解決方案

乾淨水資源

先進機動性

杜邦公司透過八大創新平台以利於達成永續發展目標及客戶需求。

該公司將聯合國 SDGs 視為指導原則,藉此了解所需要採取的行動,並改變自身的創新流程以利於推動解決全球挑戰之相關方案,包含聯合國 SDGs。同時,杜邦不僅希望產品組合能符合 SDGs 中所確定的主題,並透過 SDGs 來推動相關決策和投資。

根據杜邦之《2023 年永續發展報告》,2022 年杜邦的溫室氣體排放量比 2019 年減少 35%,再生電力比重則提高至 57%。同時,並將自身的戰略成長選擇歸納為八個創新平台,且這些平台符合特定的永續性發展目標及其全球客戶最迫切的需求。其中,根據《2023 年永續發展報告》,杜邦公司採取以下相關政策作為,以利於達成 SDG 11。

首先,關於高頻連接,由於 2030 年時預計將有近 300 億台互聯設備,且 5G 技術支持的互聯生態系統將持續讓世界產生變革,並改變我們和設備的通訊方式。同時,訊息和通訊技術的獲取不僅攸關聯合國永續發展目標,且已成為經濟發展和教育的基礎。

杜邦公司制定創新、保護及賦能三大行動架構以符合聯合國永續發展目標。

此外，互聯網設備讓學習、銀行業務、有意義的工作和社交聯繫等成為可能，但並非每個人都具有可以使用到互聯網設備的平等機會。對此，為能讓自身發展目標符合聯合國 SDGs，杜邦透過生產低損耗材料以確保訊號能更高速與更準確地進行傳輸；且所生產的萊爾德（Laird™）高性能材料則能避免人為或自然的電磁干擾。

其次，關於先進機動性，由於受到歐洲和中國成長的推動，電動車的銷量首次達到約 10% 市占率。電氣化和先進機動性的相關趨勢不僅是實現聯合國 SDGs 的基礎，亦是實現永續城市和社區的關鍵。對此，杜邦採取減少運輸碳排放、改善系統與充電效率以及提高耐用性、可維修性以及材料的循環性等措施。上述作為不僅符合 SDG 11，亦符合 SDG 13。

最後，關於永續與生產性建設，為能解決減少自然災害所帶來的不利影響以及有助於建構永續城市與社區，杜邦透過杜邦高性能建築解決方案（DuPont Performance Building Solutions）與可麗耐® 設計（Corian® Design）兩者來因應挑戰，並制定有助於在未來十年內建築材料行業實現永續發展之路線。

由於氣候變遷導致強降雨和極端天氣事件增加，客戶需要防火和防洪建築材料，為滿足客戶的需求，杜邦正在開發新型建築材料以實現高性能防火標準，並利於改善建築外殼結構的耐候性。

另外，為促進永續的建築環境，杜邦正在開發創新的建築解決方案，不僅有助於將碳排放量降至零；增加材料的循環性；並利用更安全的化學物質，以實現在建築環境中永續發展的共同願景。

此外，就台灣杜邦公司採取的政策作為，筆者認為興建竹科二廠即有助於達成 SDG 11。該廠為綠色建築的典範，不僅可將空調系統中的冷凝水回收再利用，且設置在停車場之太陽能板能提供再生能源，同時，建築物外的地面則鋪設了 JW 生態環保鋪面，除了有助於優化排水與防範淹水外，並利於減少二氧化碳排放、污染和降低表面溫度。

將防減災與韌性強化等議題置入教學課程內容，並鼓勵企業投入 SDGs 工作

就學校的教學實踐方式而言，教師的課程教學內容可以置入相關全球暖化議題，以及氣候變遷所帶來的極端氣候事件及其帶來的安全威脅。同時，讓同學了解到在都市化快速發展的情況下，人口迅速湧入城市，大型城市數量不斷的增加，人們除了面臨自然災害、基礎設施運行、公共安全以及社會安全等風險所帶來的威脅外，亦面臨新的安全威脅。

換言之，隨著安全風險越來越多樣化與複雜化，災害防救能力的強化也就顯得非常重要，課程內容有助於讓同學了解「防災教育」的重要性。因此，不論是 SDG 11 的國際細項目標、實踐策略，或是台灣的 SDG 11 細項目標及其對應指標，皆強調災害準備與強化韌性的重要性，以利於降低各種災害所帶來的影響與衝擊。

就企業而言，由於要達成 SDG 11 需要許多人力與物力的投入，不僅是政府的政策施行，亦需要包含企業等多方力量的支持與投入，以建構具有包容、安全、韌性及永續特質的城市與鄉村。如同「仙台減災綱領 2015 － 2030」所強調，為了降低災害風險以因應當前的挑戰以及為未來做好準備，需要重視包含：監控、評估與了解災害風險，並分享資訊及原因；強化跨機構與部門的災害風險治理與協調，並讓適當層級的相關人員能夠完全且有意義的參與；強化對複合型災害的早期預警系統以及準備、復原和重建能力。其中，不論是四個優先推動項目，抑或是在重建過程中達成「更耐災的重建」、「利益關係人角色」等內容，皆強調「由上而下」或「由下而上」等力量的參與。

因此，為能因應全球暖化所帶來的影響與衝擊，企業必須採取強化自身災害整備工作、降低災害造成的損失、提高能源減碳效益以及減少對都市環境造成有害影響等政策，以助於建構永續城市與鄉村。

🏢 企業實踐可以這樣做

1. **投入永續發展行動**：企業機構可以動員公司員工投入永續發展行動，例如舉辦相關淨灘活動。

2. **強化企業自身的防減災能力**：持續採取相關防減災措施並建立預警機制，以提升自身的防減災能力，並提升營運安全。

3. **制定中長期規劃**：政府應該鼓勵企業制定自身的中長期規劃，藉此呼應聯合國永續發展目標（SDGs），並將 ESG 融入自身的企業經營策略當中。

4. **定期舉辦相關培訓增能課程**：透過定期舉辦相關培訓與增能課程，藉此強化企業員工的災害意識與緊急應變能力，並有助於提升企業本身的防減災能力。

🏫 學校教學的實踐方式

1. **教學課程內容置入全球暖化相關議題：**

   (1) 讓學生瞭解減緩全球暖化相關議題，並想一想造成的全球暖化的主因、帶來哪些影響，以及可以採取哪些減緩的工作？

   (2) 讓學生瞭解政府、企業與民眾可以採取哪些氣候變遷的調適策略，包含國家層級的策略以及企業與個人的行動等。

   (3) 讓學生自己實施落實一天永續發展的日子，並寫下心得感想。

2. **置入相關防災教育教學內容**

   除了於教學課程內容強調防災的重要性，並鼓勵同學參與每年「國際防災日」期間所舉辦的相關防災體驗活動，藉此累積防災知識與提升自身的防災意識。

12 負責任的消費與生產

執筆者 舒 玉 · 黃天麒

台積公司與供應商合作設計節能製程機台與廠務設備,共同為減緩氣候變遷而努力。(照片提供:台積公司)

從工業革命以來,大量生產以降低成本的生產模式,帶動快速的消費行為,這樣的生產與消費模式在台灣亦然,直到近 30 年,才開始有反思的聲浪。生產與消費的同時,不只關注快速、低價、便利等傳統經濟價值,而更要能從永續發展角度,來思考該行為是否對地球環境、對社會文化負責任。經濟行為不外乎生產與消費。因此,從生產和消費行為著手,來促進永續發展,無疑是政府、企業與全民的責任。

實踐 SDG 12 負責任的消費與生產,從四個面向切入:(1) 生產營運管理、(2) 銷售、(3) 政策,以及 (4) 提升人民意識,來實現綠色經濟。台灣在這項目標的實踐上,有著明顯的挑戰與機會。

首先,就生產與消費模式來看,台灣是一個重工業及消費主義相當發達的地區。儘管近年來有不少企業開始實踐永續產品設計與營運管理,但整體來說,過度消費及資源浪費的問題仍然存在。例如,快速時尚與便利飲食文化,使得糧食與衣物的浪費情況相當嚴重。

了解更多台積公司最新的永續進展。

再者，台灣在廢棄物管理方面的表現雖然相當先進，但回收再利用的比例仍有進步的空間，這是因為許多廢棄物由於分類不清或是處理技術不足，最後只有掩埋或焚化。此外，塑膠污染也是台灣面臨的重要環境問題之一。

在上述種種挑戰中台灣也看見許多機會，例如，科技產業有能力研發更環保的生產技術與管理方法，進一步提升生產效率並降低對環境的影響。同時，台灣人民的環保意識逐漸提高，消費者越來越支持永續生產的商品與服務。在公共政策方面，政府也正在逐步推動綠色採購以及永續觀光等相關政策。台灣雖然在 SDG 12 上面臨許多挑戰，但同時也有許多可以把握的機會。企業、政府以及公眾都需要共同努力，才能達到真正的永續生產與消費。

案例一　台積公司 台灣綠色供應鏈的推動者

台積公司身為全球半導體產業的領導者之一，積極促進環境永續，提供專業積體電路製造服務。在永續生產面向，除了將綠色管理融入日常營運，更推展強化環保的永續創新行動，與地球生態共生共榮。台積公司宣告 2050 年達成淨零排放目標，並透過以下四大策略，全力達成永續的生產模式。

1. **低碳產品與服務：** 攜手上游原物料及設備供應商、生態系統合作夥伴及下游封裝測試業者共同合作，生產跨世代且更具節能效率的低碳產品，協助擴大電子資通產品的各類型智慧應用，協助全球節能。

2. **氣候變遷減緩**：藉由 (1) 提升能源使用效率；(2) 推動低碳製造；(3) 使用再生能源，減緩氣候變遷的衝擊，並在「ESG 指導委員會」的領導下執行碳管理，掌握與規畫減碳進程。

3. **氣候變遷調適**：鑑別氣候相關風險，以保護營運免於氣候變遷與極端天氣衍生的危害，並針對旱災、缺電、洪水與風災建立應變準則，強化氣候韌性，將營運風險極小化。

4. **供應鏈減碳**：藉由評鑑、稽核與訓練，要求供應商訂定積極的減碳目標、持續施行節能減碳與節水，並擴大使用再生能源；此外，亦與供應商合作設計節能製程機台與廠務設備，共同為減緩氣候變遷而努力。

其中，跨界合作共同減碳之具體措施，例如台積公司攜手配客嘉股份有限公司，將廠內回收處理後的廢塑料，再製成「環保循環箱」取代一次性紙箱，並邀請社福機構晨揚庇護工場提供清潔箱體的服務，平均 1 箱可減少 0.38 公斤碳排放量。

台積公司做為半導體產業領導者，實際回應永續發展目標，並透過其產業影響力，帶動供應鏈夥伴著手落實永續生產；以實際的綠色行動，不僅體現精益求精的創新能力和負責任的企業精神，也為全球的半導體產業提供了永續發展的標竿，提升公司競爭力，贏得全球肯定。

台積公司帶動供應鏈廠商著手落實永續生產，也為全球的半導體產業提供了永續發展的標竿。（照片提供：台積公司）

微笑自行車，讓地球也一起微笑。

案例二　YouBike 微笑單車 公共自行車打造台灣綠色交通

台灣政府鼓勵綠色交通，以降低碳排放及改善空氣品質，YouBike 微笑單車（以下簡稱 YouBike）是台灣成功的公共自行車系統，提供民眾方便的綠色出行選擇。

微笑單車由自行車大廠巨大全資持股，而巨大集團於 2022 年 10 月便號召多家自行車供應鏈，成立「自行車永續聯盟」，透過減碳、碳盤查與綠色製造，響應淨零碳排政策，實現負責任生產永續目標。

YouBike 不僅設有密集的租借站點，還提供簡易的租借流程與合理的收費方式，吸引民眾改變出行方式。此舉有助於減少汽機車使用，進而降低碳排放，建構責任消費的交通生態：

1. **環保出行選擇**：YouBike 作為一個公共自行車系統，提供了一種綠色、低碳的交通方式，相對於汽車和機車，自行車對環境污染的影響較小，有助於減少碳排放。這符合負責任消費的理念，即選擇對環境影響最小的產品或服務。

2. **改變出行習慣**：YouBike 通過設立密集的租借站點、簡化租借流程以及提供合理的收費方式，鼓勵民眾選擇自行車作為出行工具。這有助於改變民眾的出行習慣，減少對環境不友好的交通方式的依賴。

3. **緩解交通壅塞**：隨著越來越多的人選擇使用 YouBike，私家車和機車的使用將相對減少。這不僅有助於降低碳排放，還能緩解交通壅塞，進一步減少燃油消耗和尾氣排放。

4. **提高城市生活品質**：YouBike 的普及有助於改善城市空氣品質，提升市民健康水平。此外，自行車作為一種健康的交通方式，能夠促進市民增加身體活動，提高生活品質。

1. **積體電路**（integrated circuit）：縮寫為「IC」，是我們日常所稱「晶片（chip）」的正式說法。

2. **供應鏈**：是生產活動中，由一連串供應商和採購商組成的跨公司生產團隊；該團隊以類似接力的方式，完成從原材料採購、製成中間產品、製成最終產品，並交付給客戶等，這一系列生產流程形成的廠商網絡稱為供應鏈。

3. **綠色出行**：是指採取相對傳統交通方式而言更為環保的出行方法。透過碳減排和碳中和，來實踐環境與交通的永續發展。

4. **碳排放**：亦屬於空氣污染物，泛指溫室氣體排放，包括水蒸氣、二氧化碳、甲烷、臭氧等等；主要來自於燃燒化石燃料（例如：石油、煤炭、天然氣），因組成以二氧化碳為主，稱為「碳排放」。雖然碳排放大多無色無味，不像 PM2.5 直接傷害人體，卻加速全球暖化、加劇等氣候危機。

微笑單車改變民眾出行習慣，使用大眾運輸系統，降低交通壅塞度，同時能夠環保節能。（照片提供：YouBike 微笑單車）

宏碁聚焦策略，實踐 2025 永續目標。

案例三　宏碁集團為永續推出環保電腦產品線

宏碁（Acer），作為一家來自台灣的國際企業，隨著產業的發展及生活型態的轉變，宏碁在消費和商用市場開闢契機建立全新生態圈，推出更多結合硬體、軟體和服務整合性應用與產品。在推動永續發展的途徑上，宏碁積極實施了許多具有影響力的策略，尤其是與「SDG 12 負責任的消費與生產」息息相關的措施。

首先，其與供應商和各方利害關係人共同合作，推出了 Vero 環保電腦產品線，這些產品使用消費後回收的塑料製成，並採用無塗裝的環保回收材料和環保包裝。同時，宏碁也要求其供應商在製程中禁止使用可能對外部生態環境或作業人員健康產生影響的化學物質。

另一個重要行動，是持續推進全球循環回收再利用計畫。在全球各地，宏碁依循當地政府的標準進行各種電子產品的回收計畫，並提供給消費者方便的回收方式，進而提升廢棄物的回收效率。

在產品設計方面，該公司為確保其產品符合各銷售地區的法律法規要求，特別是在產品生命週期管理上，宏碁設定一系列的中長期目標，並取得了顯著的進展。以 2022 年為例，宏碁的筆記型電腦和桌上型電腦的能耗分別比 2016 年下降了 39% 和 35%。而在產品的物料使用上，則已經使用了 17% 的消費後回收塑料於電腦與顯示器中。關於未來目標，也已設定 2025 年將電腦能耗降低 455%，以及電腦與顯示器使用 20-30% 的消費後回收塑料。

此外，宏碁更重視負責任礦產採購議題，試圖解決因業務發展而引發的人權問題。宏碁將負責任礦產管理從剛果民主共和國（DRC）的衝突礦產議題（鉭、錫、鎢和金，簡稱 3TG）開始，逐步擴大至涵蓋降低社會和環境風險的負責任礦產採購管理。

12 負責任的
消費與生產

為了確保進行負責任的礦產採購，亦制定了計畫，根據礦產是否普遍存在於產品中，或者是否來自衝突影響和高風險地區（CAHRAs），來決定是否需要優先管理。在 2022 年，宏碁持續將鉭、錫、鎢、金、鈷和雲母視為負責任採購策略中的優先礦產，並連續五年發佈負責任礦產報告，說明針對優先礦產進行盡職調查所採取的行動。

透過以上策略，宏碁致力於降低其產品和服務對環境的衝擊，實踐負責任生產之永續發展目標。

宏碁的環保電腦使用消費後回收的塑料製成，並採用無塗裝的環保回收材料和環保包裝，致力於降低其產品和服務對環境的衝擊。（照片提供：宏碁集團）

企業實踐可以這樣做

1. **定期自我檢視：** 企業宜定期檢視自家產品生產線、原料、製造流程或服務流程是否負起永續發展責任，透過定期檢視，調整，促成真正的永續發展。

2. **內部獎勵：** 鼓勵內部部門在進行生產或服務時，主動響應各項永續發展目標，以徹底由下而上實踐永續發展。

3. **負責任的採購：** 在企業採購原物料時，除了成本考量之外，採購物品是否符合永續發展精神，亦是降低環境成本、提高企業責任的重要措施。

4. **加入減碳企業社群：** 接觸具有減碳經驗的企業團體，形成減碳共榮圈，藉此降低減碳之經濟成本，提升減碳之生產效益。

5. **主動尋求補助：** 政府提供多元減碳補助，企業可主動提出申請。

學校教學的實踐方式

1. **做個有智慧的永續消費者**
   (1) 發想：引導同學思考、腦力激盪，什麼是「負責任的消費行為」？
   (2) 反思：對於學生而言，最貼近生活但也最需要改變的消費行為為何？如何調整？
   (3) 思辨：引導同學思考「便宜和永續之間」是否有最平衡且有利於消費者決定的措施？
   (4) 整合：貫串其他永續發展目標，在每個目標的實踐行動上，有智慧的永續消費者可以做什麼？

2. **永續生產大作戰**
   (1) 發想：複習生產要素，並從不同產業思考永續大哉問！
   (2) 認識供應鏈：選擇一個或數個同學有興趣的產業，引導同學思考，企業供應鏈的關係。
   (3) 案例分析：從一個產品或是服務切入，引導同學分析企業如何進行永續生產。生產永續產品，為企業而言，有什麼益處？
   (4) 外在分析與發想：為了鼓勵企業負責任生產，請問政府可以規畫什麼可行的策略？須兼顧公平、公正與財政負擔能力。

13 氣候行動

執筆者 杜嘉玲

台泥攜手廠區周邊和平國小,推出「和平減碳生活親子存摺」,藉由積點機制培養孩童及家長日常減碳習慣。
(照片提供:台泥公司)

說到氣候變遷,我們馬上會聯想南北極冰山融化、辛苦覓食的北極熊瘦到只剩下皮包骨的畫面。然而,氣候變遷的影響不只這些,海水溫度的上升,影響海底生物多樣性的改變,如珊瑚礁的大量死亡,導致賴以為生的小魚無法生存,海平面的上升使得太平洋多個島國將被大海淹沒。

因此,我們可以看到氣候變遷所導致的問題不光只是氣候產生變化這麼簡單,還包括地球生態環境變化、人類生活方式改變以及全球經濟發展受挫等不同問題,而應對方法也不是只有一種而已。

工業革命之後,2010 年到 2019 年的全球溫室氣體排放量已來到歷史新高,這現象導致部分極端氣候的出現,當然也影響到台灣,如果地球升溫達 1.5°C,氣候帶來的災害將使得許多地方越來越不適合人類居住。

環境資訊協會與綠藤生機共同主辦的
「綠色生活 21 天」。

現階段的解決方法只有將全球溫室氣體排放總量在 2050 年前實現正負抵消，達到相對「零排放」，才能避免地球升溫突破 1.5℃、也才能減少海平面升高的幅度、更能保護人類及生物的生活環境。

台灣過去 110 年來溫度已經上升 1.6℃，一年之中夏天已增加到 150 天之多、冬天卻減至 24 天，再加上近年來台灣沒有以往正常的降雨量，水庫經常缺水，對我們生活品質的影響已超越目前預期。因此，我們必須即刻採取行動，積極減碳以減緩氣候災害帶來的衝擊，從企業減碳策略到個人環保意識與實踐，沒有人是局外人。

案例一　綠藤生機 自己的空瓶自己回收

「一個賣保養品的私人企業要如何投入改善環境的行列？」這是綠藤生機三位創辦人，在創業時給自己的問題。因此，綠藤生機產生了這樣的靈感：「別買這瓶潤髮乳，因為你可能不需要！」這個口號聽起來很衝突，但卻正好突顯綠藤生機的目標，「建造最好的產品，不創造任何不必要的傷害，用商業去啟發並執行環境危機的解決方案。」要減少對環境的傷害，最好的做法就是減少不必要的消費，來抵制產業製作更多碳排產品。

基於這樣的理念，綠藤生機在產品研發時，總是會先問自己：「這是消費者真實的需求嗎？」這就是綠藤生機奉行的「減法哲學」。

連續獲得「對世界最好（best for the world）」環境面向大獎的綠藤生機，更於 2023 年勇奪台灣唯一、全球「Real Leaders」企業，與世界指標性企業 Tesla 特斯拉、Patagonia 等產業龍頭，並列名為全球

13 氣候行動

300 大影響力企業，它們的影響力不只是對消費者，更觸及到原料供應者，乃至於整個生產鏈與消費者。

綠藤生機思考，如何多盡一份心力，來減少地球在氣候變遷上的負擔。於是，綠藤搭配公平貿易與預先融資的方式，盡可能協助非洲迦納小農脫貧，更在 2022 年幫助完成全西非最大太陽能發電灌溉系統，以滴灌方式，相較傳統灌溉系統而省下 65% 的水；而太陽能發電預計每年將降低 2,800 公升石化燃料使用，與減少 16,500 磅的碳排放。另外，綠藤生機也加入 1% for the planet，每年捐出營業額的 1% 作為地球稅，以實際行動支持「1%綠色改變進化論」策略。

在包裝方面，除了使用玻璃作為容器之外，他們更想到玻璃容器回收後去了哪裡？於是它們與台灣第一大玻璃回收大廠春池玻璃合作，使得綠藤生機的玻璃容器直接與回收工廠合作，形成再生玻璃的循環經濟概念。同時也建立塑料空瓶回收計畫，讓回收的塑料容器重生為環保提袋、紡織品和自身產品使用，綠藤生機希望可以將所有塑料容器產品全數使用再生塑料，從玻璃容器到塑料容器，整體做到「零廢棄」的目標。

此外，綠藤生機也將減碳概念帶入消費者的生活中，它們倡導「綠色生活 21 天」的活動，一般大眾或許無法了解複雜的氣候變遷議題，但是仍可以利用生活中的小行動來改善氣候變遷帶來的災害。

只要在 21 天內持續為對抗氣候變化作出一些日常小行動，這些行動就能變成每一個人的生活習慣。他們邀請參加的民眾每天嘗試一個簡單的綠色行動，例如 2023 年的「問問 ChatGPT，一個關於循環原料的故事」、「練習一次：關於洗手的減法」等等。希望大眾可以在生活中養成更好的綠色習慣，一起攜手對抗氣候變遷、保護地球。

自 2017 年開始推動門市空瓶回收計畫，至今累積超過 32 萬支空瓶重生。
（照片提供：綠藤生機）

「綠色生活 21 天」每年 4 月 22 日世界地球日開跑。
（照片提供：綠藤生機）

案例二　台灣水泥　改變傳統產業對環境的責任

碳排和環境之間的平衡對於高度碳排放的水泥業者而言，是一項很艱困的挑戰。台灣水泥（以下簡稱台泥）自 2017 年啟動轉型升級藍圖，開展「低碳建材」、「資源循環」與「綠色能源」三大核心事業。

同時依國際最高標準「科學基礎減碳目標 SBT」作為減碳設定，2019 年啟動科學減碳計畫，以 2016 年為基準年，目標設定為 2025 年溫室氣體範疇一、二排放強度分別降低 11%、32%，2050 年邁向混凝土碳中和目標。

水泥業的碳排放比例，六成來自原料石灰石，三成來自煤炭，因此替代原料與燃料為產業轉型重點。台泥從核心優勢出發，水泥製程溫度最高達 1,300℃，如火山熔岩的高溫，可有效將其他產業之廢棄資源進行無害化再次利用。

例如：晶圓廠廢棄物氟化鈣污泥，經水泥窯協同處理技術（Co-processing）後，即可成為取代石灰石之替代原料，或將廢舊衣、廢便當盒氣化後的熱值，作為替代煤炭之燃料。在協助產業處理廢棄物的過程中，同時降低自身碳排，為水泥業減碳之關鍵作法。

下一步，台泥將透過台泥 DAKA 再生資源利用中心，協助花蓮解決囤積已久的垃圾危機。再生資源利用中心已於 2023 年 7 月試營運，每日最高可處理 200 噸垃圾，處置過程所產生的熱值，可替代煤炭成為水泥製程燃料，達成減碳效益，而水泥窯高溫達協同處理生活垃圾，也可同時減緩垃圾掩埋可能造成的另一種嚴重溫室氣體——甲烷問題。

然而以現行技術，水泥業製程減碳達到碳中和仍有差距，因此台泥以

新能源布建，盡一切可能尋找自然潔淨的能量源頭。

營運據點閒置屋頂均自建太陽能板自發自用，同時整合企業團資源，投入太陽能、風電、地熱及海洋溫差發電等多元綠能開發，並協力出口導向中小企業滿足 RE100（100%再生能源）需求。

同時，為因應再生能源間歇性問題，台泥也積極布局儲能，建置大型案場並參與電力交易平台。有鑑於交通工具占全球碳排 25%，電動載具的發展成為能源轉型的重要指標，台泥儲能系統也結合電動車充電服務，減緩充電站瞬間大量用電導致的電網負荷，開啟多樣儲能應用；專注發展大動力電池的能元科技，也已獲選為歐美多家先進空中電動飛行器的獨家電池供應商。

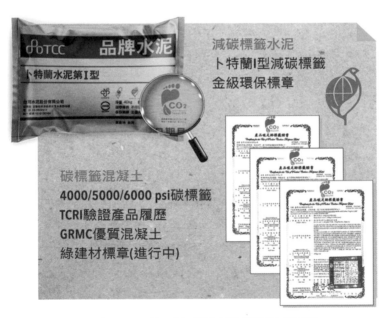

台泥通過內政部低碳循環建材認證，並取得環境部碳標籤與減碳標籤。
（照片提供：台泥公司）

13 氣候行動

📖 小字典

1. **世界地球日（Earth Day）**：定於每年的 4 月 22 日，是一項世界性的環境保護活動。最早的地球日活動是 1970 年代於美國校園興起的環保運動，1990 年代這項活動從美國走向世界，成為全世界環保主義者的節日和環境保護宣傳日，在這天不同國籍的人們以不同的方式宣傳和實踐環境保護的觀念。

2. **碳足跡標籤（Carbon Footprint Label）**：又稱碳排放標籤，是一種用以顯示公司、生產製程、產品（含服務）及個人碳排放量之標示方式，其涵義是指一個產品從原料取得，經過工廠製造、配送銷售、消費者使用到最後廢棄回收等生命週期各階段所產生的溫室氣體，經過換算成二氧化碳當量的總和。

為促進工業與社會的溝通，實踐工廠與社區共存共融，位於花蓮和平廠區內的「台泥 DAKA 開放生態循環工廠（簡稱台泥 DAKA）」於 2020 年 1 月 9 日對外開放，透明公開台泥作為，也舉辦多元活動與不同群眾互動，傳遞推動工業與城市永續發展精神。

台泥並進一步啟動「EARTH HELPER 永續倡議行動」，透過第一個 B2C 品牌「NHOA.TCC 充電服務」推動離峰時段充電、節能減碳活動等，希望電動車主作為先驅者，帶動家人朋友加入綠色生活行列，2023 年目標為共同減碳 585 公噸。

2023 年，台泥也攜手廠區周邊花蓮和平國小，推出全台首個類碳權交易計畫「和平減碳生活親子存摺」，藉由積點機制培養孩童及家長日常減碳習慣。2023 年台泥的工作目標是「為社會、為地球、為生命服務」，在低碳轉型中創新產品、提供新能源服務與落實永續生活，建構永續韌性城市。

我們每一個人可以這樣做

或許你會認為，既然有那麼多企業開始減碳，淨零減碳的任務交給它們就可以了。企業有企業的任務，而我們每一個人的任務在於如何將減碳精神，與我們的日常生活行為連結，與企業聯手阻擋氣候升溫。

為了建立每一個人友善環境的生活態度與行為，並內化成為生活習慣，以實際行動為地球永續發展盡一份心力。全民綠生活，我們可以怎麼做？

1. 減少使用一次性塑膠，例如自備環保餐具購買外食。

2. 減少食物的碳足跡，例如多吃蔬果少吃肉品、不浪費食物。

3. 降低交通產生的碳排放，例如搭乘大眾運輸工具、租賃共享電動車或腳踏車。

4. 減少廢棄物的產生，例如擦手、使用清潔物品時，以手帕取代衛生紙。

5. 支持友善社會與環境的店家，例如選購在地、有機的蔬果。

6. 主動參與環保公益活動，為地球的健康盡一份心力。

學校教學的實踐方式

許多學生認為氣候變遷議題離自己很遠，是「大人們」的責任，所以我們可利用與學生所處的生活情境（食衣住行），引導他們思考並回答。

1. 氣候暖化對自己生活產生怎樣的不便？

2. 我們可以如何實踐綠色生活？可以讓學生記錄每天的生活習慣，列出哪些習慣對環境是負面影響，再思考如何改善自己的習慣。

3. 自己居住的地區有哪些環境問題？

4. 計算自己生活的碳足跡。

13 氣候行動

14 水下生命

執筆者 舒 玉 · 黃天麒

噶瑪蘭族新社部落恢復有機農法，盼蒼白的珊瑚礁重現生機。圖為花蓮新社部落海梯田。
（照片提供：友信行）

保育海洋生態對人類有著非常重要的影響。首先，海洋是地球上最大的生物圈，它提供了超過 70% 的氧氣，並承擔著全球超過三分之一人口的食物和經濟。海洋也是全球貿易的主要通路之一，許多國家的經濟活動都與海洋有關。因此，保育海洋生態對於保障全球糧食安全、確保國家經濟和促進全球永續發展都是至關重要的。

其次，海洋生態系統對調節全球氣候和緩解氣候變化也有著重要的作用。海洋吸收了大量的二氧化碳，有助於減緩全球氣候變化的速度。同時，海洋也是調節全球氣候的重要因素之一，它可以吸收和釋放大量的熱量和水汽，調節全球氣溫和氣候變化。

然而，現代工業和人類活動帶來的海洋污染、過度捕撈和過度開發等問題，已經對海洋生態系統造成了嚴重的破壞。不僅如此，氣候變化和全球暖化也對海洋生態系統帶來了威脅，例如海洋酸化和海平面上升等問題。如果我們不能及時採取行動保育海洋生態，這些問題將會對人類生活和經濟帶來巨大的風險和損失。

新社部落對於海洋生態保育之觀念，與友信醫療集團
長期致力於推動海洋環境保育的品牌理念不謀而合。

因此，保育海洋生態不僅是維護地球生態平衡和保障人類永續發展的
重要措施，也是我們的責任和義務。我們需要通過加強科學研究和監
測、制定和實施有效的管理和保護措施、加強國際合作和協調，共同
促進海洋永續發展和生態保育。

巴 · 特虹岸。友善米酒
以傳統釀造的米酒，守護海洋生態

隨著全球對環境保護及永續發展議題的關注，許多企業紛紛將重心放
在環境、社會及公司治理（ESG）的表現上。其中，花蓮新社部落的友
善耕作與海洋生態保育計畫，得到友信醫療集團的大力支持。由友信
醫療集團，與全台噶瑪蘭族新社部落聯名的合作商品「巴 · 特虹岸。
友善米酒」，不僅成為綠色企業的典範，同時也展現對保護海洋生態
和生物多樣性的承諾。

「巴 · 特虹岸。友善米酒」遵循噶瑪蘭族的傳統釀製比例，並全程使
用新社部落無農藥種植的「向海米」，讓消費者品嚐到一款具有獨特
風味的 58 度蒸餾白酒。無農藥耕作不僅讓部落人們認識到留在故鄉種
稻的永續發展潛力，也間接促使沿岸海底的珊瑚礁逐漸恢復生機，改
善沿岸的海洋生態。讓消費者在品味美酒的同時，也能感受到對環境
保護的努力。

友信醫療長期以來致力於推動醫療平等、環境生態保育和改善偏鄉生
活與醫療水準，將這些議題納入品牌 ESG 策略藍圖方針。積極貫徹全
人健康之品牌理念，期盼能達成與員工共好、與客戶共贏、與環境共
生、與社會共榮的美好願景，更在 2022 年成為台灣醫療產業第一家獲
得 B 型企業認證，全方位落實「啟發醫療，通往幸福」的品牌使命。

目前，這款米酒除了能通過新社部落及友信醫療集團官網購買外，在花東地區的新太平洋1號店（奚卜蘭遊客中心）、花蓮鐵道文化園區、花蓮日日工作室等也已經有實體門市可進行購買，在北部也已正式進駐誠品，在南西店、信義店、新店裕隆城正式展開販售，未來全台灣將有更多通路可以看到「巴・特虹岸。友善米酒」。

在花蓮市區的「流流社」餐廳，顧客可以品嚐到用巴特虹岸蒸餾白酒搭配水鴨腳秋海棠等食材製作而成的美食。這些食材均來自於新社部落的友善耕作和海洋生態保育計畫。透過這樣的綠色餐飲，「流流社」餐廳讓民眾在品嚐美食的同時，也能感受到環境保護的訴求。

「巴・特虹岸。友善米酒」的成功案例讓越來越多人意識到，透過友善經營方式和永續發展策略，企業可以在追求經濟利益的同時，也為地球和生態環境做出貢獻。對於新社部落的居民來說，這款友善米酒不僅帶來經濟效益，更重要的是喚醒他們對土地與海洋生態的保護意識。

未來，期待看到更多的企業投身於永續發展目標的實踐，並將環保理念貫穿於產品開發與生產過程中。只有在政府、企業和社會各界的共同努力下，我們才能實現保育海洋生態、確保生物多樣性和防止海洋環境劣化的目標。

「巴・特虹岸。友善米酒」位於新太平洋1號店（奚卜蘭遊客中心）之展示區域。
（照片提供：友信行）

遠東新世紀
從海洋垃圾到環保時尚

案例二

2016 年的世界海洋日，愛迪達（Adidas）攜手環保團體 Parley，共同發布了一款由海洋廢棄塑膠製成的獨特鞋款，引起了全球關注。這款鞋子旨在減少海洋垃圾，提高人們對海洋生態保護的認識，並響應聯合國永續發展目標 SDG 14，以確保海洋生物多樣性並防止海洋環境劣化。

在尋找合適的製造商時，愛迪達選擇了台灣遠東新世紀公司。這家公司成功將海洋廢棄寶特瓶轉化為足夠強度的紗線，並在不到 1 年的時間內完成鞋面的研發和生產。這項突破性的創新，不僅有助於減少海洋垃圾，還為台灣紡織和製鞋行業帶來新商機。

遠東新世紀公司在回收寶特瓶再製方面擁有豐富經驗，但將海洋廢棄寶特瓶用於鞋子製作卻是前所未有的挑戰。由於海洋寶特瓶中的雜質和顏色偏藍，這讓原料處理流程更具有挑戰性。公司透過特殊的醇化處理，使海洋塑膠的強度符合鞋面所需的支撐強度，雖然染色仍受到一定限制，但最終成功研發出環保鞋款。

上述設計流程不僅展示了台灣企業的創新能力，也讓愛迪達能夠在 2016 年世界海洋日如期推出環保鞋款。

14 水下生命

目前，愛迪達已經開始推出用海洋垃圾製造的英超（英格蘭足球超級聯賽）球服和運動鞋，並於 2022 年世界盃足球賽，運用由遠東新世紀公司從海洋廢棄寶特瓶再製而成的「環保抗爆球衣」，提供 9 個國家隊穿上，包括冠軍隊伍阿根廷，此為世界首創運用。

隨著越來越多的品牌選擇使用環保材料，未來台灣紡織和製鞋業將面臨更多新的商機。值得一提的是，為了使原料回收過程更加高效，遠

東新世紀公司的子公司亞東綠材，協助愛迪達和 Parley 在馬爾地夫及周邊海島國家建立回收系統。這些海洋寶特瓶的回收規格化，有助於降低運輸成本和後續處理的複雜度。

此外，遠東新世紀公司還擁有自家的原料處理技術，可以從原料開始，一條龍完成環保鞋和環保衣的製造，這使得品牌能夠追溯產品的生產歷程，並確保產品符合環保要求。

透過這個案例，我們可以看到企業如何將永續發展目標融入實際的產品設計和生產過程中。愛迪達與 Parley 的合作，以及遠東新世紀公司的創新技術，共同為保護海洋生態做出了實質性的貢獻。這不僅有助於提高消費者對永續發展目標的認識，還為全球的綠色經濟發展樹立了典範。

遠東新世紀「環保抗爆球衣」獲得 2022 年世界盃足球賽 9 個國家代表隊採用。
（照片提供：遠東新世紀）

陽明海運保護海洋生態，實現環境永續的責任與創新力量。

案例三　陽明海運 保護海洋生態，獲國際肯定

在全球環保意識提升的當下，陽明海運藉由實踐 SDG 14，展現其企業社會責任，進而獲得國際關注。自 2016 年起，陽明海運參與美國的藍鯨保護計畫，透過船舶於南加洲及舊金山灣海域自主性減速至 10 節以下，避免船隻撞擊瀕臨絕種的藍鯨、座頭鯨和長鬚鯨等大型海洋生物，使鯨魚得以平安遷徙至該水域覓食，還給海洋生物安全的生存環境，並且降低氮氧化物（NOx）、硫氧化物（SOx）等有害溫室氣體排放。船隊減速至 10 節以下的速度通過減速區，顯現對海洋生態的重視及承諾，近幾年連續獲得最高殊榮藍寶石獎、金獎肯定。

另外，陽明海運也在溫哥華港口實施自主性環保措施，包含自有船舶配有「岸電系統」等多項環保設備，船舶靠港時改以岸電系統供電，進而減少燃油所產生的氣體污染排放以降低碳排放量，亦獲頒加拿大溫哥華港務局 Blue Circle Awards 殊榮。

陽明海運的環保行動更進一步，與台灣湛藍海洋聯盟合作，推出智慧型掃海機器人「湛鬥機」。這款新型機器人能有效清理海洋垃圾，並將回收的廢棄物再利用，為海洋生態保護做出實質貢獻。同時，陽明海運也注重員工的環境教育，透過課程講習及親身參與海岸清潔活動，培養員工對環境永續行動的使命感，並進一步鞏固實踐企業對環境保護的承諾。

陽明海運在海洋保護和減碳方面取得顯著成果，並積極參與國際相關組織合作，使陽明海運在全球環保議題上扮演重要角色，並為海洋生態和環境保護貢獻力量。在追求 SDG 14 的過程中，充份展現了企業在保護海洋生態，和實現環境永續方面的積極責任與創新力量。

14 水下生命

對企業而言，從營運流程、員工教育、社會參與等理念融入 ESG 的永續治理精神，支持國內新創環境組織，同時對外加強與國際平台合作，共享資源與知識，推動海運產業的環保意識和技術進步。此外，企業可還建立量化評估機制，以確保各項環保措施的有效性和持續改進。

對教育工作者而言，以從陽明海運的經驗中汲取靈感，將 SDG 14 融入課程設計和教學活動。通過引導學生關注海洋生態議題，激發學生對環保與永續發展的興趣和熱情。此外，教育工作者可安排參觀企業實踐 SDG 14 的案例，讓學生親身體驗企業如何將環保理念與商業運作相結合，鼓勵學生參與各類環保志願活動，培養他們的實踐能力和社會責任感。

陽明海運 SDG 14 的實踐經驗，為企業和教育工作者提供了國際海運業者的實踐行動參考，只有全球攜手共同努力，我們才能實現海洋生態保護目標，為子孫後代留下一個宜居美好的地球家園。

陽明海運自主性減速至 10 節以下通過減速區，避免船隻撞擊瀕臨絕種的大型海洋生物，顯現對海洋生態的重視及承諾。（照片提供：陽明海運）

SDG 14　海洋生態與你我息息相關

海洋生態看起來與人類生存無關，但整個地球生態系中，所有的生物都是息息相關，環環相扣的。人類必須反思各種生產與消費活動對於海洋生態所造成的傷害，並意識到這些傷害最終會以各種形式反噬人類世界。

此章提供各位讀者關於保育海洋生態的台灣案例，亦是提醒大家，企業活動對於生態的影響規模，比個人更加深遠，認識並支持具有永續發展思維的企業，便是透過消費者的力量在保護地球這個獨一無二、我們賴以生存的環境。

未來，在每個人的工作崗位上，期許都能夠發揮個人影響力，確保企業或組織盡可能思考生產活動對於海洋生態的直接或間接衝擊性，保護海洋生態，小兵立大功。

14 水下生命

陽明海運與台灣湛藍海洋聯盟合作，推出能有效清理海洋垃圾的智慧型掃海機器人「湛鬥機」，為海洋生態保護做出實質貢獻。（照片提供：陽明海運）

以回收海洋廢棄塑膠為原料製成的再生聚酯酯粒。（照片提供：遠東新世紀）

遠東新世紀用回收海洋廢棄寶特瓶再製後的球鞋，讓消費者也能為海洋保育盡一份心力。（照片提供：遠東新世紀）

📖 企業實踐可以這樣做

1. **響應國家海洋日**：每年 6 月 8 日為國家海洋日，可結合企業康樂活動辦理海洋志工活動，邀請員工與其家屬透過行動改善海洋生態。

2. **決策省思，對海洋生態是否會造成衝擊**：企業機構在進行各種生產與行銷決策時，仔細盤點是否會對海洋生態造成衝擊。例如：塑膠製的宣傳物品，是否可以其他可重複利用之物品取代？

3. **解決保育問題，思考永續商機**：永續發展目標並不只是公益性目標，永續與經濟發展不一定是對立的，每個永續發展目標都是待解決的大問題，也是市場需求；企業能夠從海洋生態相關問題著眼思考企業能夠解決的問題，由此創造商機。

🏫 學校教學的實踐方式

1. **海洋保育你和我，脫困體驗：**

   (1) 活動目標：以安全為前提，透過體驗海洋垃圾纏身的脫困活動，帶領學生感受海洋垃圾帶給海洋生物的痛苦，藉此建立與強化其減少垃圾，保育海洋生態的態度。

   (2) 準備回收的塑膠製品、用不到的服飾和繩子。

   (3) 將其安全地纏繞在體驗者身上，限制其行動之便利性；體驗者需在此情況下，完成行走與喝水的行動。

2. **培訓海洋生態推廣志工：**

   結合課程或社團，於校內培育海洋生態推廣志工，該團隊負責在校內定期辦理海洋生態宣導活動，以及校外觀念推廣，從中強化學生專案規畫、問題解決、溝通表達之能力。

15 陸域生命

執筆者 馬嘉賢

2022年，富邦人壽與荒野保護協會前進新竹頭前溪執行川廢調查，發現超過百萬公升的垃圾量。
（照片提供：富邦人壽）

人類是腳踏實地的動物，生命仰賴大地之母的恩賜，人們為追求舒適生活，以經濟高成長為目標，不斷濫用地球資源，導致環境遭受破壞。

台灣地狹人稠資源有限，人們往山上開墾果園、菜園與遊憩場所，造成水土保持失能，颱風豪雨侵襲流失土石，清境農場、廬山溫泉開發濫墾導致下游萬大水庫淤積，嚴重者引發土石流。2009年的莫拉克風災，造成小林村災難，更是殷鑑不遠。

沿岸山區的過度開發、河川砂石濫採、超抽地下水，與海平面上升的多重影響下，國土面臨侵蝕、沙漠化等問題。除此之外，陸域過度開發，導致動物棲地消失、破碎和劣化，生物流離失所甚至慘遭滅絕。台灣「陸域動物紅皮書名錄」中有17%、105種生物被列為「受脅物種」，台灣狐蝠、歐亞水獺與台灣山椒魚等15種動物更被列入「極危」等級。

荒野保護協會 2023 溪流環境教育推廣。

全球化下，人們跨國往來頻繁，帶入許多強勢外來物種，如號稱「綠癌」的小花蔓澤蘭、日本菟絲子等，嚴重危害原生植物。綠鬣蜥、白尾八哥、牛蛙等外來種，壓縮原生物種的生存空間。

人類製造的垃圾被丟置山川，污染土壤與水質。自然環境的破壞，最終會反噬人類，你我必須及早重視不能再坐視不管！SDG 15 陸域生命倡議人類以「永續」概念善待土地，保護陸域生命系統，努力種植樹木造林，讓山林原野回復青翠，營造良好棲息環境，期望自然回復蓬勃生機。

案例一　荒野保護協會　常態淨溪，回復乾淨河川

河川是內陸淡水生態系統重要的一環，都市中的河川具有生物棲息、調節氣候與防洪治水的多種功能，不過，都市河川常被加蓋成為道路，或被塗抹水泥成為「三面光」的排水溝。

台中的筏子溪是罕見保有自然樣貌的都市河川，草木蓊鬱物種多樣化，是當地一條重要的生態廊道。不過，筏子溪面臨嚴重河川廢棄物（以下簡稱「川廢」）問題，川廢中的菸蒂、塑膠污染土壤水質，大雨降下之際，被大水衝到外海成為海洋垃圾，使危害更加擴大，筏子溪川廢問題亟待解決。

荒野保護協會台中分會在 2018 年 12 月成立「荒野筏子溪平台」，該平台發起「筏子溪守護計畫」，自 2019 年 6 月起，秉持「他們用說的，我們用做的」為理念，發起常態持續的淨溪活動，每個月舉辦 2 次的常態淨溪，從 2019 到 2023 年 5 月已經舉辦 88 場，並且接受企業團體不定期的淨溪邀約。

荒野保護協會舉辦的淨溪活動，讓民眾擁有親身參與環境保護的機會，由此培養民眾的環保意識。（照片提供：荒野保護協會）

荒野認為，淨溪不只是撿垃圾，更是一堂體驗式的環境教育課程。淨溪前，志工先向民眾介紹筏子溪生態與川廢問題，讓民眾了解淨溪的原因。協會引用國際淨灘行動紀錄表格（ICC 表格），統計垃圾數量、種類與重量，讓垃圾數據說話揭露川廢來源，2019 年 6 月至 2022 年 11 月的淨溪活動中，共撿拾約 12,000 公斤的川廢，菸蒂占 36%，與飲食有關的一次性廢棄物占 50%，如寶特瓶、免洗碗筷與吸管等。在希望藉由淨溪動讓民眾了解垃圾最大來源就是日常生活，鼓勵改變個人消費行為，從源頭做到垃圾減量。

此外，荒野保護協會舉辦「筏子溪『溪遊趣』輕旅行」、「筏子溪溪流實境解謎推廣活動」等多元的生態推廣活動，當民眾將筏子溪視為自家花園，就會更加珍惜筏子溪。

荒野台中分會推廣講師製作「筏子溪之美」教案走入校園企業，讓更多人認識筏子溪，並出版筏子溪常見水禽—紅冠水雞為主角的《大腳ㄚ小紅冠》兒童繪本，藉由導讀分享，讓小學孩子感受筏子溪生態之美。筏子溪平臺還成立鳥類、植物調查小組，每月一次的生態調查，累績

生態基礎資料，當與公部門溝通時，可以做為遊說依據與生態評估。

為更全面掌握台灣的川廢問題，荒野保護協會在 2019 年導入日本地區河川廢棄物調查技術，展開「河川廢棄物快篩調查」計畫（以下簡稱川廢快篩），培訓川廢調查員，進行川廢快篩調查，在 2020 年至 2022 年間完成淡水河、烏溪與頭前溪等三條河流的川廢調查，可作公部門河川治理政策重要參考。

淨溪與川廢快篩調查，引發大眾與企業團體共鳴，富邦人壽在 2020 年更響應荒野保護協會展開連續至少 5 年「河川廢棄物快篩調查計畫」，一起守護陸域河川的行動，期許還給河川乾淨樣貌，人類能享有乾淨自然大地。

📖 小字典

1. **台灣陸域動物紅皮書名錄**：2016 年至 2017 年間，特有生物研究保育中心根據國際自然保育聯盟（International Union for Conservation of Nature, IUCN）物種存續委員會（Species Survival Commission）發布的 IUCN 紅皮書名錄地區及國家級評估標準應用指南，針對台灣的陸域脊椎動物（含鳥類、爬行類、兩棲類、淡水魚類、哺乳類），以及維管束植物，進行區域性評估，編纂而成的生物評估報告。

2. **川廢快篩調查**：調查員於河川主流及支流規劃連續帶狀調查點位，經過團隊討論與測試，由 2-3 人 1 組，以騎乘單車及步行的方式，於河川流域沿線調查。採用連續不間斷的普查（census），每 500 公尺記錄 1 筆數據，過程中以新北台北 14 公升垃圾專用袋為計算單位，快速篩選的方式記錄河堤內肉眼可見的之人造垃圾現存量體資訊、優勢垃圾類別與數項環境地理資訊，並完成該縣市流域河川廢棄物快篩調查。

富邦金控
打造綠色賽事，5 年種 10 萬棵樹

富邦人壽的母公司富邦金控自 2021 年起以「Run For Green™ 奔向綠色」的倡議計畫，結合馬拉松賽事，跑者只要參與富邦贊助的台灣四大馬拉松賽事（台北馬拉松、田中馬拉松、萬金石馬拉松、高雄富邦馬拉松），賽程累積達 40 公里，富邦金控就為跑者種下一棵樹，預計 5 年內為台灣種下 10 萬棵樹。

該公司不是單純花錢種樹，他們秉持「沿海防風造林」、「生態復育」、「復原生物多樣性」主軸進行植樹復育，如在東北角海岸的金山萬西段、萬里八斗子段，選擇種植黃槿、林投、海檬果、水黃皮等台灣原生樹種，以海岸林木建構一道堅固的防風林，守護綠色邊防及海岸生物多樣性。同時在高雄中都濕地公園，種下南部低海拔原生樹種，如無患子、黃連木、黃荊、台灣山桂花等，以增加都市林木的多樣性；在花蓮七星潭種下血桐、構樹、稜果榕加速外來種銀合歡林淘汰，而恢復為原生的天然林。

富邦用「你的每一步都算樹」號召跑者只要跑滿 40 公里，富邦就為他種下一棵樹，不僅促進運動健康風氣，還達成林地復育及減碳降排的目標。計畫上線未滿兩年，富邦已成功串聯全台 8 縣市政府及植樹團體合作，提前達成 10 萬棵目標。

同時，富邦金控更積極促成運動賽事成為「綠色賽事」，發揮品牌影響力，自 2020 年起便主動響應「運動拯救氣候倡議行動」，於富邦贊助、冠名主辦之賽事和運動場域中力行減碳，如 2022 年的台北馬拉松，獲頒 BSI 英國標準協會稽核通過 ISO 14067 碳足跡盤查證書，創全球馬拉松賽事之先。

富邦金控「Run For Green™」。

富邦人壽是國內企業首先贊助川廢快篩調查活動，也邀請員工、大眾加入川廢調查志工，與新竹頭前溪等淨溪活動，對潔淨河川貢獻不少心。其母公司富邦金控則致力關注陸域生態極為重要的—「樹」的問題，樹木紮根地底維持水土，在山區防止土石流，海岸減少侵蝕與沙漠化，在都市中則是節能減碳，降低熱島效應，種樹是最保護土地、氣候簡單而有效方法之一。

15 陸域生命

富邦金控「Run For Green™」號召跑者參與環境守護行動，讓馬拉松由利己提升至利他，發揮正向影響力。（照片提供：富邦人壽）

SDG 15　回復陸域生態鞏固台灣海岸，讓石虎重現筏子溪

地球經歷 45 億年演化，不同地形、地貌演變出精巧的生態系統，人類毫無節制地使用寶島淨土資源，以致地面上的森林、山地、濕地、河川都遭受程度不一的破壞，連帶影響生物瀕臨滅絕，引發極端氣候。

如今，我們必須即刻採取作為來平復大地創傷，有心人如荒野保護協會在筏子溪近 4 年的努力，從淨溪、生態推廣、調查多元化且持續努力之下，讓公部門、企業團體與民眾重視都市河川的重要性，一同關懷筏子溪生命脈動，更讓人與溪流之間的情感重新串聯起來，彩鷸、台灣八哥、紅冠水雞等生物屢屢現身筏子溪畔，紅外線自動相機拍攝到石虎食用吳郭魚的景象，都是筏子溪生態回復的最好見證。

富邦人壽贊助全台川廢快篩，透過川廢快篩結果，揭示垃圾熱點與數量種類，擬定清理方法，讓川廢清理更加迅速。富邦金控「Run For Green™」的 ESG 倡議計畫種植 10 萬棵樹木，構築一片堅實台灣海岸林，鞏固日益退縮的台灣海岸線，樹木兼顧排碳製氧，減緩氣溫上升。

不只大企業，每個人都可以持續關注陸域生態相關議題，從自身生活做起，一步一腳完成 SDG 15 細項，就能彼此相依的永續目標往前邁開一大步，讓子孫可以永續在美麗島嶼繁衍生生不息。

企業實踐可以這樣做

1. **公司不從事、不支持破壞陸域的商業行為**：公司執行商業開發時，能恪盡陸域保育責任，確實做好生態評估，以「永續」為最高原則，不做過度開發破壞。

2. **響應保育團體採取陸域生態行動**：企業機構可以響應保育陸域生態的團體，給予企業專業能力或捐款為資源，成為保育路態生育的後盾。

3. **投入回復陸域生態行動**：企業更積極主辦回復陸域的活動，如淨溪淨灘、種樹、移除外來種或打造自然棲地，對內鼓勵員工主動參加，對外邀請民眾擴大全民參與。

學校教學的實踐方式

1. **關懷陸域生態發想活動**：從校園或鄰近公園著手，帶領學生認識觀察學校公園中的草木、生物，並以免費手機 APP「iNaturalist」做生物觀察、紀錄，將拍攝照片上傳至「iNaturalist」上，將有世界各地熱心自然愛好者及公民科學家為你辨識生物名稱，並有詳實生物介紹。

2. **在校園規劃種植當地原生種樹木**：讓都市綠覆蓋率能到達國外都市 40% 標準，達到節能減效果，並成為營造生物棲息地。

綜合以上，企業、學校邀請保育團體進行環境教育推廣，如荒野台中分會以筏子溪為主題設計在地環境教案「筏子溪之美」，針對年齡分為「課程」和「講座」形式介紹筏子溪。荒野保護協會也邀集了一群推廣講師，精心研發出「台灣自然生態之美」、「發現溼地之美」等六種經典教案都是值得聆聽的環境課程。

16 和平正義與有力的制度

執筆者 周芳怡

信義房屋2018全民社造行動計畫的頒獎典禮上，219個得獎單位歡聚一堂。（照片提供：信義房屋）

近年，極端氣候、傳染疾病、戰爭暴力等造成許多不確定性因素影響著家庭、社區、社會、國家與國際。各式組織處於動盪與不安中，這些變動也使得人類所處的環境，許多不正義、不和平的狀態浮出檯面，甚至產生新的不正義、不和平的情形。

SDG 16 為「和平正義與有力的制度」（Peace, Justice and Strong Institutions），內涵強調促進和平且包容的社會，以落實永續發展；提供司法管道給所有人；在所有階層建立有效、負責且包容的制度。

因此，談到此項目標時，人們常會聯想到具權威的政府，可以透過正式的法令或政策來形成有力的制度以促進社會的和平正義；而屬於第三部門的非營利或非政府組織，則可以透過倡議、遊說來推動政府形成促進社會和平正義的有力制度。

實際上，正式的法律要達到「法網恢恢，疏而不漏」的效果，單靠政府或第三部門的力量是不夠的，企業、社區、家庭等組織也需要扮演重要的角色，才能讓有力的制度達到實質上的效果，而非形式上的效果。這也是為什麼這項永續發展目標要強調在「各階層」皆要建立有效、負責且包容的制度。

首先，我們先來認識 SDG 16 的各子目標，這樣我們便能初步瞭解為何社會中的相關組織都需要扮演關鍵的角色，制度才能真正有力地促進和平與正義。

SDG 16 之子目標如下：大幅減少各地、各種形式的暴力及有關的死亡率（16.1）；終結各種形式的兒童虐待、剝削、走私、暴力、施虐（16.2）；促進國家與國際的法則，確保每個人都有公平的司法管道（16.3）；在 2030 年前，大幅減少非法的金錢與軍火流，提高失物的追回，並對抗各種形式的組織犯罪（16.4）；大幅減少各種形式的貪污賄賂（16.5）；在所有階層發展有效、負責且透明的制度（16.6）；確保各個階層的決策回應民意，且是包容的、參與的且具代表性的（16.7）；擴大及強化開發中國家參與全球管理制度（16.8）；在 2030 年前，為所有人提供合法身分，包括出生登記（16.9）；依據國家立法與國際協定，確保民眾可取得資訊並保障基本自由（16.10）。

舉例來說，要達到 16.2 這項子目標，政府可以透過正式法令規章來處罰或禁止個人、組織剝削與虐待兒童，但若在兒童身邊的家庭、社區、企業僅是陽奉陰違，甚至是官商勾結，視國家法律為無物，即便政府制訂了再完整的兒童保護制度，在社會風氣不健全情況下，也難保障兒童的權益。因此，要落實此項永續發展目標可以說是人人有責。

信義房屋
定期召開勞資會議，保障員工權益

本文以曾獲「ESG 企業永續獎之公益推動組首獎」、「總統文化獎之在地希望獎」與連續 16 年皆名列「永續公民獎」前 10 強的「信義房屋」為例，來談談企業如何落實 SDG 16 ？

值得一提的是，在 2021 年的信義房屋永續報告書中並未直接提到企業如何落實 SDG 16，但從整體的報告書中可以發現，企業正在朝向達到 SDG 16 邁進。換句話說，永續發展目標間並非相互排斥或互為獨立，企業達到 SDG 16 的過程中，可能與其他項目標相輔相成。

以 2021 年的信義房屋的永續發展報告為例，也可以提供其他企業參考，是否在達成其他永續發展目標過程中，或落實企業社會責任與 ESG 的過程中，事實上也同時回應了第 SDG 16。以下分別說明信義房屋如何在邁向永續發展的過程中，透過有力的制度來促進社會的和平與正義。

首先，針對 16.3 確保人人擁有公平的司法管道方面，雖子目標主要提到國家與國際的面向，但企業也可針對公司內部法規提供公平的申訴機制。信義房屋以由勞資雙方代表各半共 24 人（女性代表 11 人）組成的勞資會議為正式的申訴管道，並透過職工福利委員會來回應組織成員的需求。

第二，為減少非法金流與組織犯罪（16.4）、降低各式貪污（16.5），信義房屋設立了「檢舉非法與不道德或不誠信行為之處理辦法」，在此辦法中明訂違法或貪腐等不誠信、不道德、非法行為之檢舉管道與受理方式，致力降低組織內的不當行為。

第三，在16.6（發展有效、負責與透明的制度）、16.7（決策具包容性、參與性與代表性）、16.10（確保人們可取得資訊與保障基本自由）上，信義房屋持續透過周先生信箱、業務幕僚溝通平台、員工意見調查以了解企業成員對組織發展或各項公司政策的意見。2021年更新增「ㄚ義隨你問」作為提供企業成員所需組織資訊的智能助理，若智能助理無法透過資料庫回答問題，再由權責單位提供相關訊息與協助。

信義房屋號召企業志工，以行動支持台南後壁嘉田社區友善農業。（照片提供：信義房屋）

16 和平正義與有力的制度

信義房屋獲2023第19屆ESG企業永續獎。（照片提供：信義房屋）

台灣松下電器主動每年進行永續報告書編製，是對社會大眾負責的態度展現。
（照片提供：台灣松下電器）

案例二　台灣松下電器
建立多元溝通管道，讓員工表達建議

以連續數年榮獲「TCSA 台灣企業永續獎」之「台灣十大永續典範外商企業」的台灣松下電器（Panasonic 集團）為例，說明其如何落實SDG 16。

在 2021 年的永續報告書中提到，台灣松下電器透過訂定「台灣地區反賄賂及反腐敗規程」及「Panasonic 行為準則」來規範企業成員之行為，進而達到 16.4 與 16.5 兩項子目標。

在反賄賂方面，台灣松下電器訂定嚴格的招待與送禮限制，並禁止利益輸送與不實交易。另外，也禁止企業成員與競爭對手交流產品資訊，並規範企業成員在接觸競爭對手之前，應先獲得許可或進行事後報告，也藉由杜絕供應商回饋來推動公平採購。

為回應 16.6、16.7 及 16.10 這 3 項子目標，台灣松下電器於 1970 年便成立了「台灣松下電器股份有限公司產業工會」並每月召開福利委員會以確保企業成員權益。為在組織內部建立多元的溝通管道，台灣松下電器透過總經理信箱、內部主管信箱、單位懇談會與 EOS 員工意見調查，來瞭解企業成員之意見並盡力讓企業成員自由表達建議。

以上雖以上市公司與跨國企業為例說明企業落實 SDG 16 的方式，但其他中、小型企業也可從其經驗中擇部分公司可以採取行動的面向開始落實 SDG 16 中的子目標，再逐步達到整體目標。

15

16 和平正義與
有力的制度

17

SDG 16　促成和平正義與有力的制度，我們可以注意的事情

在談到 SDG 16 時，人們常把焦點放在政府的作為上，忽略在細項說明裡提到「所有階層」皆要建立能夠促進和平正義的制度。正所謂「徒善不足以為政，徒法不能以自行」，要形成具公平正義的社會，除倚賴政府制訂有力的制度外，民間也應該配合相應的有力制度，這才能完整落實 SDG 16。

以下提供幾點想法與大家分享，希望能夠協助政府、企業等各類組織思考達成 SDG 16 的過程與方式。

第一，要透過有力的制度促進社會的和平正義，雖可以從禁止與懲罰違背和平正義的行為開始，但也別忘記積極地營造促進和平正義的環境才是治本的方式。

第二，正式的制度建置後，必須時時觀察組織中的非正式制度（風俗習慣、生活慣例等）是否有隨促進和平正義的正式制度而發展，以避免制度僅達到形式的意義，而沒有發揮實質的效果。

第三，在設立制度前應評估落實制度所需的成本，在組織資源可以承擔的範圍下，推動促進和平正義的制度。

第四，最有效率的制度不一定最有效，這部分是要提醒組織不能僅顧慮執行制度的成本，還要思考制度的效果，以免徒勞無功。

第五，不盲目複製其他組織的制度，應接納多元的建議並持續調整與改善制度。

藉由上述說明，希望讀者可以初步瞭解 SDG 16 的意涵與組織可如何落實 SDG 16。

👥 我們每一個人可以這樣做

要提醒一個重要的觀念，政府、企業等組織雖是促進和平正義的有力制度之建立者，但若生活在家庭、社區、企業、社會的個人沒有共同落實，則各式和平正義的制度只是空談。

在家庭或學校等組織生活的我們，也可以思考生活中是否存在不正義與不和平的狀態（例如：網路霸凌、校園暴力、家庭虐待等）？而我們可以如何透過建立一套有力的制度來避免不和平、不正義的情形，從生活中各面向營造具和平正義的環境。

你、我都是落實 SDG 16 的參與者，希望大家都能在自己的生活場域中找到呼應 SDG 16 的地方，在日常生活中便能實踐 SDG 16。

信義房屋邀請同仁復育台灣原生種，一起讓台灣這片土地更好。（照片提供：信義房屋）

17 夥伴關係

執筆者 張凱銘

1095 打造的「東南亞行動圖書館」，裝滿許多東南亞書籍，免費提供給移工朋友借閱。
（照片提供：壹零玖伍移民工文化協會）

在聯合國提出的 17 項永續發展目標中，第 17 項以發展全球永續夥伴關係為主旨，敦促各國不僅應在國內積極推動永續發展目標的實踐，更與國際夥伴及開發程度較低的國家合作，共同達成「強化執行效能，建構永續發展全球夥伴關係」(Strengthen the Means of Implementation and Revitalize the Global Partnership for Sustainable Development) 的成果。據聯合國的論述，這項目標包含了 9 個細項指標與 10 個行動指導。

第 17 項永續發展目標的設定，注意到對於永續未來的追求雖然是有利全體國家與人類文明的美好願景，但不同的國家與個人之間存在能力與資源條件差異，具有優勢的一方理應向相對弱勢的一方提供協助，這樣才有可能以夥伴姿態共同創造永續發展的共榮環境。

舉例而言，以我國現況來說，國內數量龐大且對社會建設深具貢獻的新住民與移工族群，在資訊落差與工作環境及條件限制的情況下，

「壹零玖伍移民工文化協會」是國內推動東南亞文化交流與移工暨新住民關懷照護的非政府組織。

對於永續發展目標的參與空間相對不足。在國外部分,我國的部分邦交國與友好國家,由於國家發展程度低落,亦無力落實各項永續發展目標理想。在這一情形下,我國政府與人民理應伸出雙手,成為與他們並肩前行的夥伴。

對此,從台灣的實踐角度出發,有兩個值得認識的案例故事可和各位讀者共同分享,分別是代表在地努力的「壹零玖伍移民工文化協會」,以及代表國際實踐經驗的「國際合作發展基金會」(International Cooperation and Development Fund, TaiwanICDF)。

若讀者對於 SDG 17 相關細項目標有其興趣想要深入瞭解,請參閱《我們想要的未來② SDGs 最實用課程設計:從解說、引發動機到行動,校園、機關團體、企業講習最佳教材》第 152 頁,或是參閱天下未來城市網站連結 https://futurecity.cw.com.tw/article/1867。

案例一 壹零玖伍移民工文化協會 以同理心陪伴東南亞朋友

總部設立於台中市的「社團法人壹零玖伍移民工文化協會」(簡稱 1095),為全國性非營利組織,正式成立於 2022 年 6 月,奠基於壹零玖伍文史工作室過去 6 年移民工服務實務工作經驗,協會結合 NGO 工作、學術研究、藝術創作領域及長期關心此議題人士,致力於開創更公共化、專業化平台,促進多元族裔互動交流,以教育與文化學習推動台灣人民之移民工議題意識,及培力東南亞移民工權益覺察與自主發聲,以促進東南亞移民工在台人權。

17 夥伴關係

1095 不定期邀請來自東南亞的新住民、移工與留學生等朋友，分享家鄉的私房料理。
（照片提供：壹零玖伍移民工文化協會）

事實上，該單位命名由來正是起源於外籍移工過往在我國法規限制下，來台工作每滿 3 年便需返鄉，而這 3 年間的 1095 個日夜，便是他們在台灣這片異鄉土地上度過的時光。

就日常業務而言，1095 的重點工作之一，是提供來自東南亞的新住民、移工與留學生等，可能未擁有我國公民身分的群體，各類諮詢服務，內容涵蓋包含語言學習、政策措施、身心健康、醫療照護等。雖然台灣作為重視種族平等基本權益的民主國家，但以公民身分有無為界線，在台東南亞裔面臨的日常環境，並不全然友善親切，欠缺移民視角、超時勞動、工安防護不足、公共服務欠缺語言轉譯等事例時有所聞。

這些朋友作為異鄉客，在與我國社會存在文化及語言隔閡的情況下，遭遇上述困境時往往不知向何處尋求援助以維護自身權益，1095 此時便成為一扇敞開的窗口，提供諮詢建議或視個案情形協助轉介予相關機構。

另一項業務重點，是促進我國社會與東南亞文化間的交流互動。1095為此長期舉辦各類文藝分享活動如室內／外東南亞圖書館、東協廣場小旅行、東南亞語言課程、社會參與式藝術行動等。相關活動使台灣民眾有機會改變對於移工族群的既有刻板印象，體認到這些來自東南亞各國的朋友，不僅用他們的青春與汗水實際參與了我國的基礎建設和醫療照護工作，他們帶來的各種文化要素如音樂、料理、服飾、藝術等，也使我國的社會文化內涵更趨豐富多彩。

為了將相關理念推廣至教育體系，使青年學子能理解族群間相互交流尊重的重要性，1095自2018年起與龍騰文化等出版業者合作，設計了「移工人生」桌遊產品，作為國中小學乃至大專院校推動公民與民主文化教育的教具，學生們透過有趣的桌遊，可在遊戲過程中模擬角色扮演，體會移工族群面臨的處境與挑戰，進而促進其同理思考。

我國將聯合國永續發展目標設定為國家長期發展指導方針，行政院甚至提出我國自身的永續發展目標版本。但相關目標的追求僅靠政府努力是不夠的，「社團法人壹零玖伍移民工文化協會」對於移工與新住民照顧的投入，展現了來自民間的參與能量，在政府體系外與東南亞各國的朋友建立起緊密、友善與真誠的交流管道，分享彼此的價值理念並相互扶持，體現了從基層推動跨國合作、建構全球夥伴關係的可能，令人倍感驚艷。

「移工人生」桌遊的參與者，可以透過遊戲體會不同職種外籍移工在台灣的工作與生活經歷。
（照片提供：壹零玖伍移民工文化協會）

17 夥伴關係

案例二 財團法人國際合作發展基金會 以夥伴關係邁向永續發展

國合會協助索馬利蘭婦女提升文書處理與圖像編修設計能力。
（照片提供：財團法人國際合作發展基金會）

除了來自民間基層的努力外，「財團法人國際合作發展基金會」（以下簡稱國合會）也是我國長期以公設財團法人性質，運用自有基金及接受政府委辦預算推動全球夥伴關係建構的重要機構。

我國外交處境的艱困與特殊，相信讀者朋友必有所瞭解。正因如此，在致力開拓官方與政治層面的外交往來之餘，由外交部主管，成立於1996 年 7 月的國合會為我國推動國際發展援助工作的專業機構。

「國合會」是我國推動對外援助工作及建構全球永續發展夥伴關係的重要管道。

總部設立於台北市的國合會，依 2023 年報揭示由國內的 118 位職員及派駐海外的 135 位員工與專家組成，主要業務是協助友邦及友好開發中國家，促進其國內經濟產業、社會發展、醫療照顧與人才教育等領域的進步，包括對相關國家的政府部門、中小企業、民間團體與社群民眾提供投資融資、技術協助、人道援助與教育訓練等服務。

為回應聯合國永續發展目標精神，國合會近年致力使其業務與各項目標相對應，又為因應疫情衝擊，透過將「包容、永續、夥伴關係、創新、韌性、平等」等概念融入合作計畫，以協助夥伴國家抗疫，並共同面對氣候變遷的威脅。

國合會的工作推行，不僅有助於外交空間拓展，也使我國得以成為和世界各國共同朝向聯合國永續發展目標努力的夥伴，展現作為國際社會成員之一的道義責任。

國合會創辦國際高等人力培訓外籍生獎學金計畫，接受友邦學生來台進修碩博士學位，提升友邦國家的發展。（照片提供：財團法人國際合作發展基金會）

17 夥伴關係

SDG 17　來自民間與非官方的合作，更順暢便利

聯合國永續發展目標的第 17 項以建構全球夥伴關係為本旨，鼓勵國家開展多元合作，和國內社會各方力量緊密連結，同時與世界各國的政府、企業及民間團體交流互助。這項目標一方面敦促國際間相對富裕發達的已開發國家肩負起應有使命與責任，協助開發中國家改善處境；另一方面也和聯合國永續發展目標規模宏大，難以透過個別國家政府單打獨鬥獲得實現的現實情形有關。

透過認識本章介紹的兩個案例，觀察者應可發現全球夥伴關係的建立未必只能透過政府間官方交往達成。考慮到國際政治的複雜性，有時來自民間與非官方途徑的合作不僅更為順暢便利，也可能比嚴謹的外交協商更具活力創意。

「社團法人壹零玖伍移民工文化協會」以本土非營利組織的角色長期提供移工及新住民朋友關懷與支持，成為我國社會與東南亞人民和文化連結互動的友善窗口。「財團法人國際合作發展基金會」則與數十個遍佈世界各地的國家建立起緊密合作關係，在各種事務領域提供開發中國家多元援助。凡此皆是共同參與本項永續發展目標，協力建構全球夥伴關係的事例。

國合會協助聖克里斯多福及尼維斯農政部門，建立農業防災資訊傳播機制，農民可應用資訊降低災損。

（照片提供：財團法人國際合作發展基金會）

🏢 企業實踐可以這樣做

1. **保持開放交流心態**：企業機構對外交流時宜保持開放心態，探索跨領域 / 國度交流機會。

2. **建立互惠共贏認知**：企業機構營運中除致力追求自身獲利外，亦應思考如何帶動相關方面如社區、勞工、其他企業組織共同成長進步，邁向互惠共贏願景。

3. **協力落實社會責任**：企業機構善盡社會責任時，可考慮與民間團體及非政府組織密切合作，更有效地發現需要幫助的對象並有效回應。

🏫 學校教學的實踐方式

1. **拓展學生觀察視野**：學校在教育工作中宜拓展學生視野，使其對國內社會階級結構，和國際社會情勢變遷形成更全面的認識，從中察見需要幫助的人與事，以及建立夥伴關係的可能性。

2. **強化合作責任感知**：學校應在引導學生體察弱勢的過程中培育其責任感知，使其理解建立合作夥伴關係以帶動各方共同成長進步的重要性。

3. **鼓勵行動實踐參與**：學校應使學生瞭解自身在公共事務中的能動性，使其瞭解即使僅有一己之力，也可透過多元途徑為社會帶來正面改變。

17 夥伴關係

永瑞實業：把廢食用油變身航空業永續燃料

執筆者 何昕家

永瑞實業實踐「轉廢為寶」的理念，使廢棄物管理可追溯、成本與碳排放減少。（照片提供：永瑞實業）

化石燃料的使用一直與人類息息相關，但是在工業革命後，有了更緊密的連結；二次大戰後，更發展為具系統性的石化產業，「石油」這個關鍵字，也就與我們的生活息息相關，影響最大就是交通。

同樣的，「食用油」在日常生活中，也是不可或缺的。依環境部廢食用油流向清運資料統計，2023 年回收的食用油為 6,473 公噸，政府大力推動廢食用油的回收，主因是廢食用油若沒有妥善處理，流進河川會對於河川生態與水資源造成污染，若進焚化爐則會產生空氣污染。

上述兩者看起來是不同的「油」，但是確有其微妙的關聯性，陸地上的交通工具，開始有其不同能源形式驅動交通工具，但是對於空中的交通工具飛機而言，還是需要仰賴石油。近年來，不同企業不斷反思，

如何回到企業核心業務促進永續發展實踐，而碳排也是最近不同企業
相當關注的課題。

航空業為應對氣候變遷而採取重要措施之一的「永續航空燃料
（Sustainable Aviation Fuel, SAF）」是利用可再生資源製成，能大
幅降低飛機對二氧化碳排放的影響，同時減少其他有害排放物，有助
於實踐更清潔、更永續的航空運輸，維護地球生態環境及人類未來福
祉，而「廢食用油」則是永續航空燃料相當關鍵與重要的來源，其需
求量也逐漸大幅成長，成為重要的永續商機。

波音執行長卡爾霍恩指出，永續航空燃料是航空業實踐 2050 年淨零碳
排放目標的唯一解決方案。根據國際航空運輸協會（IATA）的估算，
到 2050 年，永續航空燃料將有助於全球航空業減少 65％的碳排放，
相當於每年需求 4,490 億公升的產量。然而，全球的永續航空燃料產
能極為有限，每年僅約 3 億升，僅有 40 多個加油站，往往一推出就被
搶購一空。

SDGs | **將廢食用油有效轉化為可再生能源，實踐「轉廢為寶」**

2013 年成立的永瑞實業股份有限公司，在台灣環保回收業持續發展，
是歐盟 ISCC 國際認證組織在台灣獲得認證的唯一發言會員，在業界
具有領先地位。永瑞實業長期以來一直致力於廢食用油回收處理、落
實 ESG，近十年來持續推動此項工作。五年前，公司轉型為專注於新
能源和綠色科技服務的企業，並由創辦人林修安董事長領導開發運用

7 可負擔的
潔淨能源

9 產業創新
與基礎建設

14 水下生命

AIoT 廢油回收技術，擁有全球各大主要市場的發明專利。

這項智能技術將實踐「轉廢為寶」的理念，使廢棄物管理可追溯、成本與碳排放減少、回收產能增長 2-3 倍，並確保永續航空燃油的原料持續供應。永瑞實業獨特創新之處在於過去回收食用油的最大困境之一就是量與品質的課題，而在人工智慧不斷成熟之下，永瑞透過人工智慧掃描分析回收食用油，再加上建置自動化的系統，因此量與品質的課題逐漸克服。

COP 28 大會中，訂下了石油減產、以永續新能源替代的目標，以應對「淨零碳排」的迫切需求。根據聯合國及歐盟的政策，航空業將於 2025 年開始實施添加永續航空燃料（Sustainable Aviation Fuel, SAF）的政策，以強制混摻 SAF 來減少碳排放。

永瑞實業早在 2024 年便積極投入亞洲市場，透過跨境整合回收廢食用油，建立全球低碳 UCO 循環經濟生態圈，同時致力於廢食用油回收近 10 年，並於 5 年前轉型為新能源綠色科技服務公司，主要在利用智能設備及系統將廢食用油有效轉化為可再生能源，實踐「轉廢為寶」的理念。也因為航空用油的需求量大，也是急需面對淨零的課題，永瑞實業也有其人工智慧分析回收的系統，讓具有大量需求的航空業用油，有其永續解方。

與此同時，來自韓國的 GRI 能源公司和沙烏地阿拉伯的 Yanub Investment 也將與永瑞實業合作，引入先進的 AIoT 技術，提高廢食用油的回收效率，以應對全球對永續航空燃料的需求。這些合作將有助於加速實踐全球永續航空燃料的生產目標，為實踐 2050 年淨零碳排目標而努力。

實踐 2030 年前升級基礎設施、改造工商業以實踐永續發展的目標

SDGs

透過永瑞實業的案例，可以看見回應聯合國永續發展目標（SDGs）以及具體作為有以下：

1. **SDG 7 可負擔的潔淨能源：** 7.a. 加強國際合作，促進乾淨能源與科技的取得管道，目前永瑞積極透過跨國合作實踐此目標。

2. **SDG 9 產業創新與基礎設施：** 建立具有韌性的基礎建設，促進包容且永續的工業，並加速創新，其中 9.4 在 2030 年以前，升級基礎設施，改造工商業，使他們永續發展，提高能源使用效率，大幅採用乾淨又環保的科技與工業製程，所有的國家都應依據他們各自的能力行動。

3. **SDG 14 水下生命：** 進行廢食用油回收也是促進不讓油產生污染，實踐 14.1 提到預防和大幅減少各式各樣的海洋污染，尤其是來自陸上活動的污染，包括海洋廢棄物及營養鹽污染。

永瑞實業透過其長期致力於 ESG 廢食用油回收業務以及近年來的轉型為新能源綠色科技服務公司，實踐了 2030 年之前升級基礎設施、改造工商業以實踐永續發展的目標。且在台灣及全球各大主要市場的發明專利技術，如 AIoT 廢油回收技術，不僅使廢棄物管理可追溯、降低成本，還能減少碳排放，提高回收產能，這符合能源使用效率提高、大幅採用乾淨又環保的科技與工業製程的要求。

廢食用油回收可以預防並減少各式各樣的海洋污染。（照片提供：永瑞實業）

企業實踐可以這樣做

綜合而言，永瑞實業的成功案例提醒其他企業應該在產業趨勢、技術創新、國際合作等方面保持敏銳的觸覺，及時調整策略，以應對不斷變化的市場環境，實現持續發展。透過永瑞實業的案例，其他企業可以得到以下通用參考之處：

1. **專注於永續實踐領域：**專注於廢食用油回收業務，是一個具有社會意義和發展潛力的行業，其他企業可以考慮在具有社會需求的領域尋找商機。

2. **不斷創新轉型：**從廢食用油回收這一傳統行業轉型為新能源綠色科技服務公司，並不斷創新推出智能技術，其他企業應該與時俱進，不斷調整自身業務模式，掌握市場機遇。

3. **注重研發與專利保護：**在研發上投入了大量資源，並取得了多項發明專利，這為企業的長遠發展提供了保障。其他企業也應該注重技術研發，並及時進行專利保護，保護自身的核心競爭力。

4. **跨國合作與市場拓展：**積極開展跨國合作，拓展全球市場，這有助於提高企業的國際競爭力。其他企業也應該積極尋求合作機會，擴大自身的市場價值。

🏫 學校教學的實踐方式

透過將永瑞實業的案例融入教學中，教育工作者可以啟發學生對永續思維與創新、科技創新、國際合作等方面的興趣和熱情，培養他們成為具有全球視野和永續發展意識的未來領袖。透過永瑞實業的案例，可以提供以下方面作為永續教育教學的參考：

1. **強調永續意識：**將永瑞實業的永續理念融入教學中，通過案例介紹、討論和角色扮演等方式，引導學生認識和理解環保的重要性，激發他們的永續意識和行動。

2. **推廣科技創新：**介紹研發智能技術方面的成功經驗，鼓勵學生積極投身科技創新領域，培養他們的創造力和創新能力，為解決環境問題和永續發展做出貢獻。

3. **強調跨國合作：**通過跨國合作案例，教導學生重視國際視野和合作精神，培養他們的國際化思維和跨文化溝通能力，為未來的職業發展打下良好基礎。

4. **鼓勵永續創新模式：**以永瑞實業的永續發展模式為例，教導學生如何將永續發展理念應用於實際工作和生活中，引導學生思考如何在未來的職業生涯中實踐永續發展。

GC贈物網：讓物資共享、循環經濟、減少碳排放

執筆者 何昕家

GC贈物網致力打造方便且有溫度的「共享體驗」，讓每個人在日常生活中，即能輕鬆達成環保及公益。
（照片提供：GC贈物網）

在工業革命後，產品產生的速度與量是又快又多，往往造成身邊有太多物品用不到，或是有些物品，用了一段時間後，階段性需求消失，但物品還勘用，陷入是否丟棄？上二手拍賣網站賣掉？…等兩難。

2009年，有一群年輕人意識到這樣社會議題，創辦了「GC贈物網」，「GC」是「Give Circle」的簡稱，初心是希望透過贈送創造資源循環，在官方網站上也指出是台灣最大的物資共享社群平台，也是全球唯一的無條件共享平台。團隊致力打造方便且有溫度的「共享體驗」，讓每個人在日常生活中，即能輕鬆達成物品循環使用。

GC贈物網的理念是透過促進資源循環、社群共享和無條件共享，打造方便且具溫度的共享體驗。他們致力於減少資源浪費，延長物品壽命，

GC 贈物網是台灣最大的免費物資共享社群平台，提倡無條件共享，專注於讓每個人用最便捷的方法，分享閒置物品。

並促進人們之間的互助與合作。作為台灣最大的物資共用社群平台，他們提倡減少消費主義，推動永續意識，以達到永續發展的目標。透過無私地分享和接受贈品，GC 贈物網希望在日常生活中讓每個人都能輕鬆地享受物品的循環使用，共同為建立更永續的社會作出貢獻。

SDGs 無用良品的再生，為閒置物品找一個家

GC 贈物網的願景是建立一個永續、共享的社會。他們希望改變人們對於物品的擁有觀念，從單純的擁有轉變為分享和共享。他們相信每個人都有能力和資源去幫助彼此，並且這種互助和共享的精神能夠促進社群的凝聚力和互信。

在願景中，人們不再只是追求物質擁有，而是注重物品的使用價值和共享的意義。他們鼓勵人們將自己不需要或用不到的物品贈送給其他需要的人，同時也可以在需要時接受他人的贈品。這種互助和共享的模式不僅有助於減少資源浪費和環境負擔，還能夠建立更加友善和富有人情味的社會環境。

同時，透過平台的建立和運營，激勵更多人參與共享經濟，並將這種共享觀念擴展到更廣泛的範疇，包括物品、知識和技能等方面。他們相信，透過共享和互助，可以打破社會的隔閡，建立更加公平和永續的社會結構，同時提升人們的生活品質和幸福感。

而在 GC 贈物網中，包含三大區塊，一大區塊是「禮物池」，這是屬於將自身分享物品放入禮物池，有需要的人可以在禮物池中尋找；

第二區塊是「送禮物給公益團體」，這是屬於募集資源送給公益團體，透過公益團體的需求，剛好自身有相關物品送給有需要的公益團體；第三區塊是「需求池」，有更多公益團體會再此提出需求，讓大家檢視自身周邊是否相關物品，可以直接支持這些公益團體。

透過這些區塊的運作，GC 贈物網創造了一個互助、共享和資源循環的生態系統。使用者可以根據自身需求尋找物品，同時也可以將自己的多餘物品贈送給有需要的人或公益團體。這種模式不僅提倡節約資源和減少浪費，還促進了社群的連結和合作，同時支持了公益事業的發展。

這樣的實踐模式不僅在個人層面上促進了共享和互助，也在社會層面上推動了永續發展和社會公益。透過這個模式，GC 贈物網希望能夠建立起一個更加公平、共融與有溫度的社會。他們鼓勵人們不僅關注自身的需求，也關注周圍的社會需求，並主動參與到共享經濟和社會公益中去。

GC 贈物網體現了資源循環和減少浪費的價值觀。（照片提供：GC 贈物網）

如此，不僅體現了資源循環和減少浪費的價值觀，還透過促進社群的聯結和合作，強調了共享和互助的重要性。他們相信，透過這種模式，人們可以更好地運用資源，建立更加永續的生活方式，同時為社會公益事業做出積極的貢獻。

GC 贈物網的願景是透過共享和互助，打造一個共融、有溫度且永續的社會。他們希望每個人都能意識到自己的力量和責任，透過贈送和接受物品，支援社群內的人與人之間的聯繫和支援，同時幫助那些有特殊需求的公益團體。這樣的實踐模式不僅影響個體生活方式，也能夠對整個社會產生積極的變革，建立一個更加公平、永續且共融的未來。

SDGs 符合永續發展、共享經濟、社會公益與社會企業

GC 贈物網透過其共享和資源循環的模式，回應了當今全球的國際趨勢：

1. **永續發展**：全球範圍內，永續發展已成為一個重要的議題。GC 贈物網透過促進物品的共享和再利用，有助於減少資源浪費、能源消耗和環境污染，從而推動永續發展目標的實現。

2. **共享經濟**：共享經濟在全球範圍內快速發展，這種模式強調資源共享和共同利益。GC 贈物網以無條件共享為基礎，鼓勵人們分享自己不需要的物品，並透過互助和合作實現共同利益。

3. **社群共享與社群聯結**：社群共享和社群聯結已經成為國際趨勢。GC 贈物網提供一個平台，讓人們能夠在社群內共享物品、交流資源，並建立更加緊密的社群聯繫。這種模式強調社會凝聚力和互助精神。

4. **社會公益和社會企業：**越來越多的人關注社會公益和社會企業的發展。GC 贈物網透過鼓勵物品捐贈給公益團體，支持社會公益事業，並以社會企業的模式運作，將社會價值和商業模式結合起來，實現社會效益和商業永續發展的雙贏。

GC 贈物網在回應國際趨勢方面，符合永續發展、共享經濟、社群共享與社群聯結以及社會公益和社會企業等重要議題。他們的模式展現了新的價值觀和生活方式，能夠積極回應當今世界的社會需求和全球趨勢。

SDGs 減少浪費、促進社群聯結，支持終結貧困和改善健康與福祉

透過 GC 贈物網從初心理念、願景到實踐、回應國際趨勢等，可以看見回應聯合國永續發展目標（SDGs）以及具體作為有以下：

1. **SDG 1 消除貧窮：**提供讓有需要的人可以獲得免費物品和資源的機會。它鼓勵人們將不再需要的物品放入禮物池，供有需要的人自由選取。同時，也支持物品捐贈給公益團體，進一步幫助那些處於貧困狀態的人群。這樣的行動有助於減輕貧困問題，提供基本需求，並促進社會的公平性和包容性。

2. **SDG 3 良好健康與福祉：**共享與互助模式有助於改善人們的生活品質和福祉。人們可以在平台上找到他們需要的物品，從而滿足基本需求。此外，GC 贈物網也鼓勵物品捐贈給那些關注健康與福祉的公益團體，以支持他們的工作。這些措施有助於提供更好的健康和福祉服務，例如提供基本生活用品、醫療設備和康復器材等。同時，也促進了人們之間的交流和支持，讓使用者能夠彼此分享經驗、建立社交網絡，從而增強心理健康和社會福祉。

3. **SDG 12 負責任的消費與生產**：禮物池機制，鼓勵人們將自己不再需要的物品分享給有需要的人。這樣做有助於減少資源浪費和環境污染，促進永續的消費和生產模式。它透過延長物品的壽命，降低消費需求，減少對新產品的需求，從而減少自然資源的消耗。

4. **SDG 17 夥伴關係**：GC 贈物網建立的社群平台，促進社群內的聯結和合作。它透過共享物品，讓人們之間建立起互助和合作的關係。這不僅有助於增強社群的凝聚力，還促進了社會連結和社群參與。人們可以在平台上分享物品、交流資源，並透過互助合作實現共同利益。

GC 贈物網在回應永續發展目標方面採取了不同具體的行動，透過共享和資源循環的模式，它減少資源浪費、促進社群聯結，並提供免費的物品和資源，以支持終結貧困和改善健康與福祉。這些努力體現了 GC 贈物網對永續發展目標的承諾，並為實現更公平、更永續的社會做出了實質貢獻。

秉持惜物精神與共享價值，是 GC 贈物網創立的初衷。（照片提供：GC 贈物網）

共享與循環經濟，有助解決環境和社會問題

GC 贈物網是一個以循環經濟和永續發展為核心價值的平台，透過共享、交換和再利用物品，回應了多個永續發展目標（SDGs）。該平台不僅解決了資源浪費和過度消費的問題，還促進了社會公益和社群參與。透過 GC 贈物網的實踐，我們可以看到以下幾個關鍵點：

首先，透過禮物池、送禮物給公益團體和需求池三大區塊的設計，實現了物品資源的共享和再利用。這有助於減少物品的浪費，提高資源利用效率，同時滿足社群內部的需求，促進共享經濟的發展。其次，GC 贈物網透過與公益團體合作，將捐贈物品直接送給有需要的人或組織，實現了社會公益的目標。這樣的合作模式不僅有助於滿足弱勢群體的需求，還提升了社群的凝聚力和共融性。

此外，應用科技和創新的思維，建立了方便且有溫度的共享體驗。這樣的平台不僅讓人們能夠輕鬆實現物品的循環使用，還提供了一個交流和連結的社群平台，促進了社群間的互動和合作。

最後，透過 GC 贈物網的實踐，學校、企業和社群等各個利害相關方可以從中借鏡，實踐永續發展目標。學校可以將其作為教學案例，培養學生的永續意識和解決問題的能力；企業可以參考其商業模式，推出相關的共享和循環產品；社群可以藉助類似的平台，促進資源共享和社群參與。

企業實踐可以這樣做

企業和社群可以借鏡 GC 贈物網的模式，將其應用於自己的業務和活動中，推動永續發展的實踐。透過 GC 贈物網的例子，企業可以透過以下方法來實踐 SDGs：

1. **建立共享經濟平台：**像 GC 贈物網一樣，企業可以考慮建立共享經濟平台，讓人們能夠共享和交換物品、資源或服務。這有助於減少資源的浪費，促進永續消費和生產。

2. **促進社群參與：**企業可以透過建立社群平台或活動，促進社群內的聯結和參與。這樣可以鼓勵人們共享資源、互助合作，同時提高社群的凝聚力和社會連結。

3. **開展公益合作：**企業可以與公益團體合作，捐贈物品、提供資源或支持相關項目。這有助於實現終結貧困、改善健康與福祉等 SDGs。建立穩定的公益合作關係，使企業能夠持續參與社會責任項目。

4. **推動綠色和循環經濟：**企業可以尋找綠色和循環經濟的機會，例如減少廢棄物、提倡回收和再利用、使用可再生能源等。這有助於保護環境，並實踐永續消費和生產模式。

5. **強化供應鏈永續管理：**企業可以在供應鏈中推動永續管理實踐，包括選擇合作夥伴、促進人權和勞工權益、減少碳排放等。這有助於實現永續城市和社群、負責任的消費和生產等 SDGs。

這些做法不僅有助於企業實現其社會責任，還能促進永續發展，營造更永續、公平和包容的社會。每個企業都可以根據自身的業務和資源狀況，找到適合自己的方式來實踐 SDGs，並與利益相關者共同努力，推動社會變革。

🏫 學校教學的實踐方式

透過學校教學的應用，可以將 GC 贈物網的實際案例，培養學生的永續意識、創新思維和社會責任感。將 GC 贈物網視為學校教學的案例時，可以透過以下方式將其應用於教學實踐中：

1. **永續發展教育**：教師可以介紹 GC 贈物網的實際案例，討論它如何回應永續發展目標。學生可以了解這個平台如何透過共享和循環使用物品來減少浪費、促進社會公益和永續消費。

2. **社會創新和企業精神**：學生可以學習 GC 贈物網團隊的創新思維和企業精神，了解他們如何看到社會問題並提供解決方案。教師可以引導學生進行團隊合作項目，讓他們提出社會創新的概念並設計相關計畫。

3. **負責任消費與生產**：教師可以討論 GC 贈物網如何鼓勵人們循環使用物品，減少消費和浪費。學生可以研究其他類似的永續消費和生產模式，並提出自己的解決方案，例如推出學校內的物品共享平台或提倡回收和再利用。

4. **社群參與與服務學習**：學生可以參考 GC 贈物網的模式，提出在學校或社群中推動共享和資源循環的項目。例如，建立學校內的禮物池，讓學生能夠分享和交換不再需要的物品，或舉辦公益活動將物品捐贈給有需要的人或團體。

5. **倫理和社會責任**：教師可以引導學生討論 GC 贈物網的倫理和社會責任問題。學生可以思考企業如何平衡商業目標與社會影響，並討論他們自己在日常生活中的消費行為對社會和環境的影響。

透過將 GC 贈物網納入教學中，學生可以理解永續發展的概念並學習實踐。同時，他們也能培養創新思維、社會責任感和團隊合作能力。此外，學生還可以透過與當地社群合作，將所學應用於實際情境中，促進社群的永續發展。

例如，學生可以進行調研和分析，了解當地社群的需求和問題。基於這些了解，他們可以發起類似 GC 贈物網的項目，建立學校或社群內的物品共享平台，鼓勵大家分享、交換和重複使用物品，減少浪費並提高資源利用效率。同時，學生可以進行宣傳和推廣活動，提高人們對永續消費和生產的意識。

此外，學生也可以發起公益活動，將捐贈物品給有需要的人或機構。甚至可以與當地的社群組織或公益團體合作，了解他們的需求，收集和分發物品，並在過程中體驗公益服務的意義和價值。這種以 GC 贈物網為案例的學校教學實踐，可以讓學生直接參與並實踐永續發展目標。同時，學生也能培養解決問題的能力、倫理觀念和社會責任感，成為具有永續意識和行動的未來領袖。

GC 贈物網 APP 操作輕鬆，沒事就可逛逛。（照片提供：GC 贈物網）

蜻蜓石：實現循環經濟、永續零廢棄的未來農場

執筆者 何昕家

生機盎然的蜻蜓石民宿園區，是石正人教授實踐生態、永續、幸福的夢想之地。（照片提供：幸福綠光出版社）

蜻蜓石不是一塊石頭，而是台灣大學名譽教授石正人，醒悟到「身而為人，生活才是重點」提早退休來到宜蘭，為了尋找一塊夢田，走進頭城山區，見到滿天飛舞的蜻蜓。因此，石教授在此蓋了一間蜻蜓點水的房子，並以自己的姓氏，命名為「蜻蜓石」，一間擁抱生態的民宿與農場，從此深耕。

石教授在此不斷反思，身為昆蟲系教授，在過去總是從人類觀點出發，一直撲滅對人類而言所謂的「害蟲」，但是，所謂的害蟲，到底是對誰有害？石教授藉此不斷提醒自己要用不同角度看世界，打破人類自我中心意識，與生態系一起共生存。

昆蟲學者巧遇黑水虻，成就生產、生態、生活兼顧，
自給自足的永續小宇宙。

1 消除貧窮
2 消除飢餓
3
4 優質教育
5
6
7
8
9
10 減少不平等
11
12 負責任的消費與生產
13 氣候行動
14
15 陸域生命
16
17

蜻蜓石所展現的初心與理念，是關於尊重生命、環境與共生的價值觀。石教授以自己的經歷為轉捩點，從過去以人類觀點出發的思考方式，轉變為更加全面、生態導向的觀點。這個轉變讓他意識到生活的重點並不僅僅是追求個人成就或人類利益，而是要尊重和保護整個生態系統。這種初心與理念的延伸，不僅影響了石教授的個人生活和事業，也對社會產生了積極的影響。蜻蜓石成為一個引領人們重新思考與自然關係的典範，激勵著更多人對生態保育和永續發展的議題關注起來。

SDGs　落實生態保育、綠色生產與社區共融

石正人經營蜻蜓石景觀民宿的願景，是在有機農場的架構下，實踐生活、生產、生態三者的均衡發展。他希望能夠生產賺錢的同時，兼顧生態保護，進而改善生活品質。他的願景是重新建構城鄉之間的平衡，並導入科技來弭平差距，讓更多的人了解並實踐環境永續的價值觀。

為了實踐這個願景，石正人教授和太太張聖潔在山林裡蓋起了一間外型像隻蜻蜓的建築物，俯視著太平洋，成為蜻蜓石景觀民宿的象徵。他們依循著大自然的生態法則，在農場種植有機蔬菜、養雞，並採用不破壞生態的方式進行生產，以永續為核心價值，透過有機農業、科技應用、教育推廣以及社區合作等方式來實踐願景。這個小宇宙不僅提供環境友善的住宿體驗，也關注生態保育、綠色生產與社區共融。石教授希望能夠影響更多人關注環境永續議題，共同建立一個更美好、更永續的未來，創造一個永續發展的小宇宙。

農場種的有機蔬果招待客人,而餐後剩下的廚餘則用來養黑水虻。
(照片提供:幸福綠光出版社)

不用吃抗生素的雞,蛋和雞肉就不用擔心動物用藥殘留過多問題,
可以用來做健康食材供應民宿餐廳。(照片提供:幸福綠光出版社)

1 消除貧窮

2 消除飢餓

3

4 優質教育

5

6

7

8

9

10 減少不平等

11

12 負責任的
消費與生產

13 氣候行動

14

15 陸域生命

16

17

SDGs 黑水虻大軍救地球,實現低碳永續夢

石教授經營蜻蜓石民宿的案例,充分回應了國際永續發展趨勢,特別是在生態農場和黑水虻方面。首先,在永續發展方面,石教授將永續發展價值觀融入民宿的經營理念。他重視環境保護、節能減碳和資源回收利用,這在民宿的運營中得到了體現。他實施了節約用水措施,從山上引流山泉水,經過沉砂過濾後使用,並推行回收和循環使用,以最大程度地減少浪費。

其次,在生態農場方面,石教授將農業和旅遊相結合,打造了一個永續發展的生態農場。他重視土地保護和生態系統的平衡,確保農場的營運對環境造成最小的負擔。同時使用有機耕作和自然肥料,減少對農藥和化學肥料的依賴。他也提供農場體驗活動,讓旅客參與種植、採收和動物飼養等農業活動,增加對自然環境的認識和尊重。

最特別的是,石教授意識到黑水虻是重要的生態資源,具有生態平衡和生物多樣性保護的作用。他將黑水虻納入民宿的營運中,提供相應的保護措施和宣傳工作,並建立黑水虻繁殖和保護區,提供適合黑水虻生長和繁殖的環境。同時,他透過教育和宣傳活動,向旅客介紹黑水虻的重要性,並倡導對其保護和尊重。

SDGs 民宿兼顧永續、生態循環、生物多樣性

蜻蜓石民宿的案例,在聯合國 SDGs 中發揮了重要作用,特別是 SDG 15 的「保護、恢復和促進永續利用陸地生態系統,管理森林,防止沙漠化,停止和逆轉土地劣化,停止生物多樣性損失」方面。

而黑水虻則是石教授在經營民宿的同時，達到生產、生態與生活兼顧的關鍵，進而形成自給自足的生態循環系統。他以有機農業結合綠生活民宿，以有機、永續、生態循環、生物多樣性等概念，落實於種植農作物、培育研究黑水虻、飼養雞隻以及提供優質膳宿等層面，不僅自身實踐 SDGs 理念，也善用其環境致力推廣食農教育，讓更多來訪之民眾及住客皆能感受到永續的生活、生態與生產，進而累積最佳教育宣導機能。同時實踐以下聯合國永續發展目標（SDGs）：

1. **SDG 1 消除貧窮**：雇用當地人，提供就業機會，增加其家庭收入。

2. **SDG 2 消除飢餓**：經營有機生態農場，形成資源自給自足的生態循環系統。生產動植物產品可提供民宿客人和在地學童營養午餐使用。研發以廚餘培養黑水虻，既可養雞、鴨，甚至可能成為人類未來糧食選項。

3. **SDG 4 優質教育**：提供住宿客人均認識生態循環系統的課程及農場導覽解說，是最佳食農教育。

4. **SDG 10 減少不平等**：員工有本省籍、外省籍、客家族群等，還有身心障礙者，適材適用，不因族群、年齡或身心狀況而排除其工作機會。

5. **SDG 12 負責任的消費與生產**：經營有機生態農場，搭配民宿，以行動實踐農場到餐桌零距離，消費者充分認知食材生產環境。

6. **SDG 13 氣候行動**：民宿採清水模的綠建築，減少建材碳排量。加上回收廚餘培養黑水虻來養雞，大大縮減食物里程⋯等，期盼為降低全球暖化及劇烈氣候變遷竭盡己力。

7. **SDG 15 陸域生命**：有機生態農場無農藥及化學肥料，致力維繫自然環境，提供藍鵲、穿山甲等諸多瀕於絕種生物庇護棲所，以維護生物多樣性。

1 消除貧窮

2 消除飢餓

3

4 優質教育

5

6

7

8

9

10 減少不平等

11

12 負責任的
消費與生產

13 氣候行動

14

15 陸域生命

SDGs **不只廚餘零污染，黑水虻更成就共享經濟**

在蜻蜓石民宿中，生態、永續和幸福三者的緊密結合，這個經營有機生態農場並搭配民宿的模式，以生態循環為基礎，實踐了資源的自給自足，同時也提供了一個理想的環境，讓人們與自然共存。透過黑水虻的培養，蜻蜓石不僅生產出豐富的動植物產品，還有效地處理了廚餘問題，並成為潛在的糧食。這種循環利用資源的方式，不僅符合永續發展目標，也展示了人與自然共生的美好可能。

同時，蜻蜓石也向企業和學校提供了啟示。企業可以借鏡其循環經濟模式，將生態和永續理念融入業務運營中，從而實踐永續發展。學校則可以透過相關計畫和活動，引導學生對 SDGs 進行反思，培養他們的永續發展意識和行動能力，並成為永續發展的倡導者和推動者。

不起眼的黑水虻幼蟲（右圖）其實在生態食物鏈是很重要的基石，鳥、雞、魚都吃蟲，以取得蛋白質來源，而轉換的肉類再提供給人類或其他動物吃。（照片提供：幸福綠光出版社）

173

蜻蜓石的案例向我們展示了一種擁抱生態的家的理念，它提醒我們要尊重並與自然和諧相處，實踐資源的循環和再生利用。這不僅有助於保護地球和生態系統的健康，也為人們帶來幸福和豐盛的生活。

透過蜻蜓石的生態經營模式，我們被提醒著人類與自然之間的互動關係。我們無法單方面從自然獲取資源而不承擔責任，同時也無法忽視生態系統的健康狀態對我們的生存和福祉的重要性。這個案例呼籲我們思考如何在日常生活中實踐永續發展目標。我們可以透過選擇有機食物，減少廢棄物產生，節約能源和水資源，支持本地生產等方式，以個人行動促進永續發展。

從這個案例，我們看到了一個充滿希望的未來，一個人類與自然共生、實踐永續發展的未來。蜻蜓石不僅是一個生態農場和民宿，更是一個生態、永續和幸福的象徵，提醒著我們保護地球資源、追求永續發展的重要性。讓我們一起擁抱生態，將永續發展的理念融入日常生活，為我們的子孫後代創造一個更美好、更永續的世界。蜻蜓石的故事激勵著我們行動起來，成為地球的守護者，共同實踐永續發展的目標。

黑水虻（右圖）的蟲糞和蟲蛻可以變成很好的有機肥料，而蔬果生產過程中的殘株可以用來養雞。（照片提供：幸福綠光出版社）

1 消除貧窮

2 消除飢餓

3

4 優質教育

5

10 減少不平等

11

12 負責任的
消費與生產

13 氣候行動

14

15 陸域生命

16

17

🏛 **企業實踐可以這樣做**

企業可以將 SDGs 融入其業務營運中，同時實踐經濟發展、環境保護和社會責任的平衡。這將有助於建立一個更永續和共融的未來，以下提供給企業實踐 SDGs 參考：

1. **結合生態循環和有機農業：** 採用有機農業方法種植農作物，減少對化學農藥和化肥的依賴。同時，創建一個生態循環系統，例如提供棲息地給野生動植物、進行廚餘處理和資源回收等。

2. **促進食物安全和營養：** 提供無農藥殘留的食材，確保食物的安全性和營養價值。這可透過有機農業和適當的食物處理方式實踐。

3. **推動教育和認知：** 將企業活動與教育相結合，提供關於永續食物生產、生態保護和健康飲食的課程和體驗。這可以透過舉辦工作坊、提供網絡資源或與學校和社區合作實踐。

4. **建立合作夥伴關係：** 與當地社區、學術界、非政府組織和政府機構建立合作夥伴關係，共同實踐永續發展目標。這樣可以分享資源、知識和經驗，並獲得更大的影響力。

5. **以行動帶動變革：** 企業應該積極推動永續發展目標，不僅在自身業務中實踐，還可以透過影響供應鏈、倡導政策變革和鼓勵消費者選擇永續產品等方式推動整體社會變革。

6. **建立多利益相關者的參與：** 與供應商、顧客、員工和當地社區合作，確保他們的參與和共識。這可以透過舉辦共同討論會、徵求反應和建立長期的溝通機制實踐。

7. **減少資源浪費：** 尋找創新的方式來減少企業的資源浪費，例如透過回收再利用、節約能源和水資源，以及減少廢棄物產生。這將有助於實踐 SDG 12 負責任的消費和生產目標。

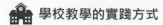 **學校教學的實踐方式**

學校可以透過石正人教授經營蜻蜓石民宿的案例，引導學生反思永續發展目標（SDGs），並激發他們思考和行動的意識。透過下列方法和活動，學校可以引導學生深入思考和反思SDGs，並培養他們的永續發展意識和行動能力。同時，學校也可以成為一個激勵和支持學生參與永續發展的重要平台，推動整個社區的永續發展進程：

1. **教育課程設計：** 學校可以在教育課程中融入SDGs相關的議題和案例。例如，透過研究和討論石正人教授的案例，學生可以了解到生態農場和黑水虻對SDG 15陸域生命的貢獻。學校可以邀請專業人士來分享相關知識，或安排實地考察，讓學生深入了解永續發展的實踐。

2. **專題研究和報告：** 鼓勵學生進行與SDGs相關的專題研究，並就其在班級或學校範圍內的應用提出建議。例如，學生可以研究如何在學校推動廚餘分類和處理，以減少廢棄物並提升資源回收率，這與SDG 12負責任的消費和生產相關。學生可以撰寫報告，提出具體的行動方案，並與學校管理層和其他同學分享。

3. **校園實踐活動：** 學校可以組織一系列的校園實踐活動，旨在鼓勵學生實際參與永續發展的實踐。例如，學校可以舉辦植樹活動來強調SDG 15中的陸域生命保護，並邀請學生參與種植、維護和監測。這樣的活動不僅提升學生對環境保護的認識，還鼓勵他們主動參與社會和環境議題。

4. **跨學科合作探究：** 促進跨學科合作，讓學生從不同角度探討和解決永續發展問題。例如，學校可以組織一個跨學科的計畫，讓學生從科學、社會科學、藝術等不同領域的角度探討石正人教授案例中所涉及的SDGs。學生可以參與小組討論和研究，並合作創作相關的多媒體展示或藝術作品，以呈現他們對SDGs的理解和關注。

1 消除貧窮
2 消除飢餓
3
4 優質教育
5
6
7
8
9
10 減少不平等
11
12 負責任的消費與生產
13 氣候行動
14
15 陸域生命
16
17

5. **社區參與與合作：**鼓勵學生與當地社區合作，將永續發展的理念轉化為具體的行動。學校可以與當地農場、非營利組織或社區團體合作，開展志願服務活動或共同推動永續發展計畫。例如，學生可以組織食物回收計畫，將學校和社區的剩餘食物捐贈給需要的人，以支持 SDG 2 消除飢餓。

6. **SDGs 宣傳與倡議：**學校可以規劃宣傳活動，向學生和教職員宣傳 SDGs 的重要性和影響力。這可以透過舉辦講座、工作坊、展覽或社交媒體宣傳來實踐。學校可以邀請專家、從業人員或社會企業家分享他們在永續發展領域的經驗和成功案例，以激發學生對 SDGs 的關注和參與。

石教授在蜻蜓石為遊客解說民宿自給自足的生態，努力為環境教育盡一份心力。
（照片提供：幸福綠光出版社）

島內散步：兼顧地方創生
與商業發展的永續旅遊

執筆者 何昕家

島內散步重視文化遺產的保護和推廣，透過導覽和旅遊活動向旅行者介紹當地的歷史、傳統工藝和藝術形式。（照片提供：島內散步）

10 年前，「島內散步」在大稻埕開啟一個全新的旅程，他們在「重新賦予導覽不同的視角和生命力，更貼近土地，希望讓每位旅人踏進這片土地時，立刻感受到文化的悠久和豐富」的初衷下成立。

2021 年，島內散步的永續報告書中，明確指出使命為「讓每個人守護台灣這片土地的美好」。這個使命凝聚了環境友善、文化傳承、社區參與和教育意識提升的核心價值，同時致力於保護台灣的自然環境，並積極推動永續發展的理念。如今，回顧 10 年歷程，他們深刻體悟到使命的重要性！

島內散步也努力傳承和推廣台灣豐富多樣的文化，讓它們綻放光芒，感動更多人的心靈。這需要每個人的參與和努力，透過社區共融、

讓台灣這塊土地更好的永續旅行領導品牌。

1 消除貧窮

2 消除飢餓

3 良好健康與福祉

4 優質教育

5 性別平等

6 潔淨水與衛生

7 可負擔的潔淨能源

8 尊嚴就業與經濟發展

9 產業創新與基礎建設

10 減少不平等

11 永續城鎮與社區

12 負責任的消費與生產

13 氣候行動

14 水下生命

15 陸域生命

16 和平正義與有力的制度

17 夥伴關係

教育宣傳等方式，喚起公眾對這個使命的認識和意識，共同建立一個更美好、更繁榮的台灣。

10 年的歷程讓島內散步更加堅定地相信，只有每個人都投入到守護土地的努力中，才能讓台灣的美好得以永續。他們堅持繼續走在初衷的道路上，為台灣的環境、文化和社區做出積極貢獻，為下一代留下更美好的土地。

SDGs 為旅行者打造一場對在地負責的小旅行

島內散步的願景是「成為最有影響力的永續旅行品牌，以堅實經營能力及行銷企劃支援系統，建立地方觀點的多品牌及產品服務，為夥伴及客戶創造價值。」因此，他們串連永續旅行、地方創生與商業發展，關注三大議題，包含文化資產、水資源與食物。

首先，文化資產是台灣獨特而珍貴的資源，透過島內散步的旅行體驗，希望讓旅人們更深入地了解台灣的歷史、傳統工藝和文化價值，同時也促進文化交流與尊重。

其次，水資源的保護對於台灣的永續發展至關重要。致力於推動節水意識和水資源管理，以確保台灣水資源永續利用和保護。同時，也將著重探索與水相關的自然景觀和生態系統，讓旅人們深入體驗台灣的水域之美。

最後，食物是文化的重要組成部分，也是生活中不可或缺的一部分。關注食物的永續性和台灣獨特的美食文化。透過與當地農漁民的合作，

推廣在地食材的價值，體驗台灣的農漁文化，並鼓勵食物的多元化和健康飲食。

這三大議題反映了島內散步對於永續發展的關注。只有將永續發展納入旅行體驗的核心，並透過創新和合作來解決相關問題，才能實踐願景。推動永續旅行、地方創生和商業發展，讓島內散步成為永續旅行的引領者。

島內散步重新詮釋旅行，以永續概念引領深度體驗，2012 年，從大稻埕開始第一條深度體驗路線，聚焦於實踐可持續發展目標（SDGs）中的 SDG 11 永續城鎮與社區和 SDG 12 負責任的消費與生產。遊客認識大稻埕老街區的歷史建築和傳統產業，了解如何將傳統與創新結合，並體驗當地居民最喜愛的道地美食。行程路線包括探訪在地傳統商家故事和特色店家，發現藏在巷弄中的老屋新生基地和創意店家，以及品嚐當地人推薦的美食。

島內散步是台灣第一個以商業模式經營文化導覽的團隊，長期自辦或合作各類型徒步導覽、小旅行等活動。（照片提供：島內散步）

1 消除貧窮

2 消除飢餓

3 良好健康與福祉

4 優質教育

5 性別平等

6 潔淨水與衛生

7 可負擔的潔淨能源

8 尊嚴就業與經濟發展

9 產業創新與基礎建設

10 減少不平等

11 永續城鎮與社區

12 負責任的消費與生產

13 氣候行動

14 水下生命

15 陸域生命

16 和平正義與有力的制度

17 夥伴關係

大稻埕以其新舊交融、充滿創意的氛圍，成為台北最迷人的歷史街區之一，遊客可以感受到傳統與創新交融的魅力。在這個行程中，遊客還能了解大稻埕的文化資產當代價值，並發現該地區的豐富物產、藝術和民俗。

除了固定永續旅遊程深度體外，島內散步同時進行客製化深度體驗規劃，透過多元方式實踐教育推廣，教育是引導之手，啟發對台灣土地的理解和愛護之情。透過教育，可以增進大眾對環境覺察、文化傳承和社區參與的認識，激發人們參與到這個使命中來，讓每個人都能成為守護台灣這片土地美好的夥伴。這是為教育的力量所懷抱的信念，也是帶給台灣未來的珍貴禮物。

SDGs — 提高對永續旅遊的認識和參與度，人人都能成為永續發展倡導者

2015 年，全球各國領導人在聯合國達成了一項歷史性協議，承諾致力於實踐 2030 年的永續發展目標（SDGs），為全球創造更美好的未來。對此，島內散步感同身受，也希冀可以回應聯合國永續發展目標。

17 項永續發展目標和 169 項相應的細項指標為世界提供了新的方向，而旅遊業也必須在為人類、地球與和平的永續解決方案上發揮重要作用。旅遊業占全球經濟 GDP 的占 10%，而每 10 個工作中，就有 1 個與旅遊相關。

島內散步深信永續旅遊的力量，能夠為台灣和全球的繁榮、和平與永續發展做出實質貢獻。他們致力於保護與提升台灣文化資產，保護水資源，並推動食物永續性。同時，他們也透過教育旅行者，提高他們對永續旅遊的認識和參與度，使他們成為永續發展的倡導者。

透過持續努力和全球合作，旅遊業可以成為實踐永續發展目標的重要推動力。他們將繼續為實踐永續旅遊的願景而努力，共同打造一個更美好、更繁榮的未來，讓每一個人都能享受到旅遊的樂趣，同時對社會、環境和文化產生積極的影響。

秉持著永續旅遊的價值觀和承諾，島內散步努力回應全球永續旅行委員會（GSTC）的永續旅行準則的四大面向：永續管理、社會與經濟利益、文化遺產、環境。

首先，島內散步致力於永續管理。他們建立堅實的經營能力和行銷企劃支援系統，以確保旅行產品和服務的品質和永續性。他們積極參與地方社區的合作，建立夥伴關係，共同推動地方創生和社區參與，以確保旅遊活動對當地經濟和社會帶來正面影響。

島內散步關注社會與經濟利益。他們重視旅行者的體驗和福祉，並致力於提供具有價值和意義的旅行體驗。同時，他們尊重和促進當地社區的文化、價值觀和傳統知識，並與當地的小型企業和社會企業合作，推動包容性發展，創造就業機會和經濟利益。

第三，島內散步重視文化遺產的保護和推廣。他們致力於保存和傳承台灣豐富多樣的文化遺產，通過導覽和旅遊活動向旅行者介紹當地的歷史、傳統工藝和藝術形式。同時，他們鼓勵旅行者尊重當地的文化價值觀，並以尊重和學習的態度與當地社區互動。

最後，島內散步關注環境保護。他們重視自然環境的保護和永續利用，提倡資源節約和減少環境影響。他們積極宣導旅行者遵守環境保護原則，例如減少使用塑膠和善用資源。同時，他們與當地的保護組織和環保倡議者合作，參與保護自然資源和生態系統的管理和恢復工作。

SDGs 促進永續發展，同時傳承和推廣台灣的豐富多樣文化

在島內散步 2021 年的永續報告書中，提及隨著對觀光、旅遊的反思，永續概念也漸漸在旅遊產業中被意識與實踐。在世界旅遊組織（UNWTO）中提及的促進永續發展目標的旅遊（Tourism and the Sustainable Development Goals）中，對旅遊有以下不同 SDGs 的助益：

1. **SDG 1 消除貧窮：**作為世界上最大和增長最快的經濟計畫之一，旅遊業處於有利位置，可以促進不同層面的經濟成長和發展，並透過創造就業機會提供收入。永續旅遊業發展及其在社區層面的影響可以與促進國家消除貧窮、促進創業，特別是支持青年和婦女。

2. **SDG 2 消除飢餓：**旅遊業可以透過促進旅宿業的生產和供應，以及向遊客銷售當地產品來促進永續農業。農業旅遊可以在提高旅遊體驗價值的同時，產生額外收入。

3. **SDG 3 良好健康與福祉：**旅遊業產生的稅收收入可以再投資於在地醫療保健和服務、改善孕產婦健康、降低兒童死亡率和預防疾病。在自然資源保護區收取的遊客費用也有助於醫療衛生服務。

4. **SDG 4 優質教育：**旅遊業具有促進包容性的潛力，永續價值認同對於旅遊業的至關重要。旅遊業為青年、婦女和特殊族群提供了直接和間接工作的機會，透過教育可以傳達相關價值觀。

5. **SDG 5 性別平等：**旅遊業可以賦予婦女權力，特別是透過在旅遊和住宿相關企業中，提供直接就業或創業。旅遊業可以成為女性充分參與和領導社會各個方面的工具。

1 消除貧窮
2 消除飢餓
3 良好健康與福祉
4 優質教育
5 性別平等
6 潔淨水與衛生
7 可負擔的潔淨能源
8 尊嚴就業與經濟發展
9 產業創新與基礎建設
10 減少不平等
11 永續城鎮與社區
12 負責任的消費與生產
13 氣候行動
14 水下生命
15 陸域生命
16 和平正義與有力的制度
17 夥伴關係

6. **SDG 6 潔淨水與衛生：**提供公用事業的旅遊投資要求，實踐用水安全，以及環境衛生發揮關鍵作用。旅遊、污染控制與有效用水是保護水資源的關鍵。

7. **SDG 7 可負擔的潔淨能源：**旅遊業為一個能源密集型產業，希望可以加速可再生能源在全球能源結構中所占比例的轉變。藉由推動對潔淨能源的發展，從而減少溫室氣體、減緩氣候變遷，並促進人人獲得潔淨能源。

8. **SDG 8 尊嚴就業與經濟發展：**旅遊業作為服務貿易，是全球四大出口之一，在全球提供十分之一的就業機會，特別是青年和婦女的工作機會，以及有利於透過旅遊價值鏈實踐更好多樣化的政策，可以促進旅遊業對社會經濟的積極影響。

9. **SDG 9 產業創新與基礎設施：**旅遊業的發展依賴於良好的公共和私人基礎設施，倡議基礎設施提升和改造的公共政策，使其更具可永續性、創新性和資源效率，並朝向低碳方向發展，從而吸引遊客和其他外國投資來源。

10. **SDG 10 減少不平等：**能夠讓當地居民和所有利害關係人參與其發展，可以成為減少不平等的有力工具。旅遊業可以讓人們有機會促進在地發展，從而促進城市更新和農村發展。旅遊業是經濟一體化和多元化的有效手段。

11. **SDG 11 永續城鎮與社區：**可以促進城市基礎設施和可達性，促進再生和保護文化和自然遺產，這是旅遊業所依賴的資產。而對綠色基礎設施的投資（更高效的交通、減少空氣污染），會為居民和遊客帶來更智慧、更永續的城市。

12. **SDG 12 負責任的消費與生產：**旅遊業需要採用永續消費和生產模式，可以加速永續發展的轉變。對旅遊業（包括能源、水、廢物、生物多樣性和創造就業機會）的永續發展影響的工具，將強化經濟、社會和環境成果。

13.**SDG 13 氣候行動：**透過減少交通和住宿部門的碳足跡，旅遊業可以從低碳增長中受益，並有助於應對我們這個時代最緊迫的挑戰之一。

14.**SDG 14 水下生命：**沿海和海上旅遊依賴於健康的海洋生態系統，旅遊業發展必須成為綜合海岸帶管理的一部分，以幫助保護脆弱的海洋生態系統，並作為促進藍色經濟的工具，為海洋資源的永續利用做出貢獻。

15.**SDG 15 陸域生命：**豐富的生物多樣性和自然遺產大多是遊客前往旅遊目的地的主要原因。如果在脆弱地區進行永續管理，旅遊業可以發揮重要作用，不僅在保護生物多樣性方面，而且也能創造收入作為當地社區的替代生計。

16.**SDG 16 和平正義與有力的制度：**由於旅遊業圍繞著不同文化背景的人們之間互動，促進多元文化和跨信仰的寬容和理解，為更加和平的社會基礎為基礎。讓當地社區受益和參與的旅遊業也可以鞏固社會的和平。

17.**SDG 17 夥伴關係：**旅遊業具有跨部門特質，強化公私夥伴關係，並讓國際、國家、區域和地方等多個利害關係人，共同努力實踐永續發展目標。公共政策和創新融資是實踐 2030 年議程的核心。

在這片土地上，我們尋找著更深層的意義，尋找著連結人與土地的細微線索。島內散步作為一個旅行品牌，不僅尋找美景和景點，更重要的是尋找著文化的根脈，尋找著人與自然的和諧共處之道。

島內散步的使命是讓每個人守護台灣這片土地的美好。深信透過旅行的力量，能夠喚起人們對土地的愛與關懷。致力於保護台灣的自然環境、促進永續發展的同時，也要傳承和推廣台灣的豐富多樣文化，讓其綻放光芒。

1 消除貧窮
2 消除飢餓
3 良好健康與福祉
4 優質教育
5 性別平等
6 潔淨水與衛生
7 可負擔的潔淨能源
8 尊嚴就業與經濟發展
9 產業創新與基礎建設
10 減少不平等
11 永續城鎮與社區
12 負責任的消費與生產
13 氣候行動
14 水下生命
15 陸域生命
16 和平正義與有力的制度
17 夥伴關係

企業實踐可以這樣做

公司規劃員工旅遊時，可以進一步思考如何進行一個負責任的員工旅遊，一方面可以有其實質的回饋與助益，另一部分可以內化永續思維，若公司已經有其回應 SDGs，透過員工旅遊為相同實踐的 SDGs 旅遊與地點進行相互學習與瞭解。

若回到全球永續旅行準則的四大面向，以下是可以提供給企業參考實踐方針：

1. **永續管理**：建立永續管理系統，包括訂立和執行永續發展政策和目標。追蹤和監測企業的永續表現，定期進行評估和報告。採取節能減排、資源節約和廢物管理等綠色實踐，減少環境影響。

2. **社會與經濟利益**：建立合理的勞工權益和薪資機制，提供安全和公平的工作條件。尊重和保護當地社區的文化、價值觀和傳統知識。鼓勵當地供應鏈的參與，促進經濟發展和社區受益。

3. **文化遺產**：尊重和保護當地文化遺產，包括歷史建築、傳統藝術和文化傳統。促進文化交流和對話，增進旅行者對當地文化的理解和尊重。鼓勵當地文化復興和傳承計畫的發展。

4. **友善環境**：採用綠色和可再生能源，減少碳足跡和能源消耗。保護和修復自然資源和生態系統，包括保護生物多樣性和水資源管理。推廣環境教育和意識提升，鼓勵旅行者參與永續行為。

🏫 學校教學的實踐方式

在 2023 年 5 月底，國民教育法修法中，明訂為豐富學生經驗及強化真實情境連結，學校應推動走出課室；其推動之經費來源、收費基準、單位人員分工與權責、風險管理及其他相關事項之自治法規，由直轄市、縣（市）主管機關定之。學校推動戶外教育時，可以實踐有意義並且實踐的永續思維的戶外教育，也就是可以引導學生探究、實踐真實世界，為真實世界行動。

若是回應全球永續旅行準則，學校教學可以實踐的方式如下：

1. **環境意識與永續發展**：學校可以開展環境教育課程，提高學生對於氣候變遷、能源消耗和資源保護等問題的認識。透過討論案例，學生可以了解企業在經營過程中如何減少對環境的負面影響，並激發學生思考如何在自己的生活中實踐永續發展。

2. **社會責任與公民參與**：學校可以促進學生對於社會公益和社區參與的認識。透過討論島內散步的使命，學生可以理解企業如何關注社會福祉和文化遺產的保護。學校可以組織社區服務活動，讓學生實際參與並體驗為社區和文化傳承做出貢獻的價值。

3. **文化尊重與多元性**：透過探討旅遊業與文化遺產的關係，學校可以引導學生尊重和欣賞不同文化的多樣性。學生可以學習如何保護和傳承在地文化，並體驗與不同文化互動的機會。這有助於培養學生的跨文化意識和共融能力。

4. **創新思維與解決問題**：透過案例研究和討論，學校可以鼓勵學生思考企業如何應對永續旅行的挑戰，並提出創新的解決方案。學生可以參與實踐計畫或模擬企業運營，培養解決問題和創新思維的能力。

學校教育可以透過案例分析、討論、實踐計畫和跨學科整合，引導學生學習和應用全球永續旅行準則。這不僅有助於他們的個人成長和全球意識，還為未來的社會和職業生涯打下堅實的基礎。

1 消除貧窮
2 消除飢餓
3 良好健康與福祉
4 優質教育
5 性別平等
6 潔淨水與衛生
7 可負擔的潔淨能源
8 尊嚴就業與經濟發展
9 產業創新與基礎建設
10 減少不平等
11 永續城鎮與社區
12 負責任的消費與生產
13 氣候行動
14 水下生命
15 陸域生命
16 和平正義與有力的制度
17 夥伴關係

參考文獻

SDG 1：消除貧窮

- 生態綠（2023，04 月 26 日）。2022 年國際消除貧窮日─在實踐中人人享有尊嚴。https://okogreen.com.tw/blog/5338
- 吳宜瑾（2018）。看懂聯合國永續發展目標 SDGs。財團法人台灣醫界聯盟基金會。
- 社團法人舊鞋救命國際基督關懷協會（無日期）。偏鄉翻轉「翻轉」是脫離援助的第一步。2023 年 04 月 26 日，取自 https://www.step30.org/plan/59
- 舊鞋救命 step30（2018，04 月 19 日）。這是清沙蚤計畫〔影片〕〔更新狀態〕。Facebook。https://reurl.cc/A0l52d
- Shipler, D. K.（2016）。窮忙：我們這樣的世代〔趙睿音譯〕。時報出版。（原著出版年：2005）

SDG 2：消除飢餓

- 王翔弘、林品辰（2019，09 月 08 日）。改變水果次級品命運 卡維蘭特有精釀啤酒。生命力新聞。https://www.cherishnlove.com/news-detail/id/860
- 丘力龍、曾梓倩（2023，03 月 02 日）。俄烏戰周年／戰火如何衝擊全球糧食、能源、經濟。TVBS 新聞網。https://news.tvbs.com.tw/world/2054787
- 李雁文（2020，11 月 10 日）。零經驗踏入農業領域！他為果農覓得新商機，創造小農收益與醜果再利用雙贏。社企流。https://www.seinsights.asia/article/7480
- 社團法人台灣全民食物銀行協會（2021，10 月 18 日）。台灣一年浪費的食物高達 13,500 座 101 樓高 世界糧食日「全民食物逆轉剩」計畫，呼籲全民珍惜食物。https://www.foodbank-taiwan.org.tw/new-blog/2021/10/18/13500101-#
- 食力 foodNEXT（2022，06 月 21 日）。全球兒童、青少年過重比超過 18.4%！WHO 建議各國應控管食品行銷廣告。https://www.foodnext.net/life/health2/paper/5975717833
- UNITED NATIONS. (n.d.). Goal 2: Zero Hunger. Retrieved May 13, 2023, from https://www.un.org/sustainabledevelopment/zh/hunger/

SDG 3：健康與福祉

- udn 元氣網（2022，07 月 07 日）。2022 數位醫療應用未來健康趨勢論壇：健康照護好簡單 數位培力學習超輕鬆｜潘人豪〔影片〕。YouTube。https://www.youtube.com/watch?v=n-6ae90g-Do
- 林妤恒、白琳（2017）。小鬱亂中，抱緊處理。圓神。
- 黃維萱（2022，08 月 23 日）。不怕憂傷憂鬱說出口台灣女孩創「小鬱亂入」 憂鬱症變可愛。聯合新聞網。https://ubrand.udn.com/ubrand/story/12117/6557144
- United Nations Statistics Division. (2022, July 7). The Sustainable Development Goals Report 2022. https://unstats.un.org/sdgs/report/2022/

SDG 4：優質教育

- 1. 康軒文教（2024，3 月 15 日）。永續教育 X 成就未來。https://sdgs.knsh.com.tw/
- 2. 龍騰文化（2024，3 月 14 日）。龍騰文化 X 永續教育。https://ltsdgs.ltedu.com.tw/

SDG 5：性別平權

- sunwu（2017，04 月 19 日）。幸福企業窩心最高點─台灣微軟讓員工完全無「前瞻後顧」之憂。Microsoft 微軟新聞中心。https://news.microsoft.com/zh-tw/2017-04-19_%E5%B9%B8%E7%A6%8F%E4%BC%81%E6%A5%AD%E7%AA%A9%E5%BF%83%E6%9C%80%E9%AB%98%E9%BB%9E-%E5%8F%B0%E7%81%A3%E5%BE%AE%E8%BB%9F%E8%AE%93%E5%93%A1%E5%B7%A5%E5%AE%8C%E5%85%A8/
- sunwu（2018，11 月 16 日）。台灣微軟支持在臺灣 LGBT 議題的聲明。Microsoft 微軟新聞中心。https://news.microsoft.com/zh-tw/mstw-lgbt/
- Womany Jade Jhuang（2018，10 月 24 日）。微軟 Women in Tech 科技女力：十個包容性準則，打造 D&I 職場環境。性別力。https://womany.net/read/article/16095
- 中央通訊社（2022，03 月 08 日）。台灣微軟擁抱多元與包容文化，賦能科技女力推動創新思維。https://www.cna.com.tw/postwrite/chi/310988
- 台灣微軟（2013，09 月 04 日）。台灣微軟提供育兒津貼「助你好孕」，膺選三星級幸福企業。自由時報。https://3c.ltn.com.tw/news/10347
- 行政院性別平等處（2023）。2023 年性別圖像中文版。行政院性別平等處。
- 李乾瑋（2021，12 月 17 日）。創造多元與包容企業文化，媒體人鄒宗翰：從小地方做起。Microsoft 微軟新聞中心。https://news.microsoft.com/zh-tw/features/diversity-and-inclusion/
- 法務部（2009）。企業心‧關懷情：法務部、微軟、華碩、NPO 攜手合作數位鳳凰計畫。https://www.moj.gov.tw/media/12960/91215161639132.pdf?mediaDL=true
- 社團法人台灣性別平等教育協會（2002，11 月 16 日）。集體造家。打造平等─台灣性別平等教育協會的成立緣由與未來方向。https://tgeea.org.tw/announcement/19725/
- 社團法人台灣性別平等教育協會（無日期）。關於 TGEEA。2023 年 11 月 07 日，取自 https://tgeea.org.tw/about/

SDG 6：潔淨水與衛生

- 中鋼公司（無日期）。環境保護：水資源。中鋼公司企業永續網站。2023 年 11 月 07 日，取自 https://www.csc.com.tw/csc/hr/csr/env/env10.htm
- 財團法人台灣永續能源研究基金會（2022）。
  2022 企業永續力 100% https://taise2017.sharepoint.com/:b:/s/TCSA/EQdUI7gWDjxLq6mM0NlJdHwBQ0EiJSQ_sUESY9Q-PCIpyw?e=sMcomj
- 臺灣中油（2019）。2019 永續報告書。
  https://ws.cpc.com.tw/Download.ashx?u=LzAwMS9VcGxvYWQvMS9yZWxmaWxlLzg5ODAvNDIzMy9hNGM1ZGNkYS1mODJkLTQxNzgtODQwwYS1mMTE2NzllZmNkOGUucGRm&n=5Y%2bw54Gj5Lit5rK5MjAxOeawuOe6jOWgseWRiuabuF%2fkuK3mlofniYgucGRm
- 臺灣中油（2021）。2021 永續報告書。
  https://ws.cpc.com.tw/Download.ashx?u=LzAwMS9VcGxvYWQvMS9yZWxmaWxlLzg5ODAvNjAzNS84MDkzOTQyZC1mNzNhLTQxMzgtODQwWtOTY4YS1lYWEwNDU2OGJmNDYucGRm&n=MjAyMUNTUi5wZGY%3d
- 臺灣中油（2022）。2022 永續報告書。
  https://ws.cpc.com.tw/Download.ashx?u=LzAwMS9VcGxvYWQvMS9yZWxmaWxlLzg5ODAvNjk3MzkvZDAxYzVkMmEtODBmOS00Y2JmLTllNjUtN2NlMTk3Y2Y4YmFhLnBkZg%3d%3d&n=5Y%2bw54Gj5Lit5rK5MjAyMkNTUl9maW5hbC5wZGY%3d
- Anderson, T. L., & Leal, D. R.（1995）。由相剋到相生：經濟與環保的共生策略〔蕭代基譯〕。巨流。（原著出版年：1991）
- Elkington, J. (1997). Cannibals with forks: the triple bottom line of 21st century business. Capstone.

SDG 7：可負擔的潔淨能源

- 陳文姿（2019，09 月 09 日）。公民電廠重大喜訊「陽光伏特家」拿下台灣第一張再生能源售電執照。環境資訊中心。https://e-info.org.tw/node/219806

SDG 8：尊嚴就業與經濟發展

- 刁曼蓬（2021，07 月 12 日）。勇闖非洲系列 3｜施鴻森種咖啡 讓馬拉威農民成功脫貧。工商時報。https://www.ctee.com.tw/news/20210712700684-431302
- 方文章（2021，06 月 02 日）。扶貧濟困不分國界 以咖啡為名 施鴻森在馬拉威播下愛的種子。經貿透視雙周刊，569，12-15。
- 余世芳（2017 年 05 月）。有管理，才有安全 雲林縣漢光果菜合作社的產銷履歷之路。豐年雜誌，67（5），22-25。
- 李欣（2022，05 月 05 日）。企業家施鴻森以良心傳愛做公益 為臺灣做國民外交。Yahoo 奇摩新聞。https://tw.news.yahoo.com/%E4%BC%81%E6%A5%AD%E5%AE%B6%E6%96%BD%E9%B4%BB%E6%A3%AE%E4%BB%A5%E8%89%AF%E5%BF%83%E5%82%B3%E6%84%9B%E5%81%9A%E5%85%AC%E7%9B%8A-%E7%82%BA%E5%8F%B0%E7%81%A3%E5%81%9A%E5%9C%8B%E6%B0%91%E5%A4%96%E4%BA%A4-115006502.html
- 李政青（2018 年 08 月）。集結小農夫 合成大農制。遠見雜誌，農業特刊，90-95。
- 帥稚英（2001，06 月 10 日）。迎戰 WTO 果菜產銷看漢光，短短十年年營業額從五百萬躍升五億，兩百社員合力奠立模範。中國時報。
- ILOVEU PS（2015，06 月 13 日）。漢光合作社產銷履歷〔影片〕。YouTube。https://www.youtube.com/watch?v=WUMdUOYyDnY
- 僑務電子報（2021，04 月 06 日）。助益馬拉威及臺灣偏鄉弱勢族群 施鴻森獲頒海華榮譽章。僑務電子報。https://ocacnews.net/article/277003
- Daly, H. E., & Cobb, J. B.（2014）。共善：引導經濟走向社群、環境、永續發展的未來〔溫秀英譯〕。聯經。（原著出版年：1989）
- Sachs, J.（2007）。終結貧窮：如何在我們有生之年做到？〔鐵人雍譯〕。臉譜。（原著出版年：2005）
- Schumacher, E. E.（2000）。小即是美：一本把人當回事的經濟學著作〔李華夏譯〕。立緒。（原著出版年：1973）

SDG 9：產業創新與基礎建設

- 平安走路許願帳戶（無日期）。人行道評分地圖。2023 年 11 月 08 日，取自 https://commusidewalk-app.vercel.app/
- 陳泳翰（2021）。智能工廠來了！：一場水五金與手工具的創新實驗紀錄。天下雜誌。
- 臺中市政府（2023，04 月 06 日）。中市首創！環保局攜手小黃車隊揪出烏賊車。臺中市政府：市政新聞。https://www.taichung.gov.tw/2324233/post

SDG 10：減少不平等

- 行政院國家永續發展委員會（無日期）。臺灣永續發展目標：SDG10。2023 年 05 月 15 日，取自 https://ncsd.ndc.gov.tw/Fore/SDG10
- 張桂娟（2020，12 月 09 日）。前台中市副市長林依瑩的部落實驗，用 24 小時居服終結 24 小時的長照。康健。https://www.commonhealth.com.tw/article/83297?from=search
- 陳凱翔（2016，01 月 31 日）。傾聽移工的聲音：移工帶來的不是問題，而是多元的價值觀。社企流。https://www.seinsights.asia/article/3893

- ‧ WID.world (2022). WORLD INEQUALITY REPORT 2022. https://wir2022.wid.world/
- ‧ United Nations Statistics Division. (2022, July 7). The Sustainable Development Goals Report 2022.   https://unstats.un.org/sdgs/report/2022/

SDG 11：永續城市與社區

- ‧ AmCham（2021 年 8 月）。台灣杜邦 造就社會與地球共好共榮。AmCham。https://reurl.cc/DovbyE
- ‧ Taiwan Business Topics（2021，08 月 09 日）。台灣杜邦 造就社會與地球共好共榮。https://reurl.cc/DovbyE
- ‧ 台灣高鐵（2023 年 06 月）。台灣高鐵永續報告書。https://reurl.cc/o7a5Ag
- ‧ 科技部（2014 年 05 月）。災害領域行動方案（102-106 年）。國家發展委員會。https://reurl.cc/V43mlY
- ‧ 高宣凡（2023，05 月 08 日）。杜邦技術永續長 Alexa Dembek：創新跟永續是一體兩面，少了產業夥伴，永續產品會叫好不叫座｜ CTSO 永續掌舵人。CSR@ 天下。https://csr.cw.com.tw/article/43155
- ‧ 陳昱光（2022，12 月 06 日）。台灣高鐵 ESG 永續 六路並進。工商時報。https://readers.ctee.com.tw/cm/20221206/a13aa13/1217283/share
- ‧ 陳韋誠（2020，11 月 24 日）。高鐵摘 2020 台灣企業永續獎 2 大獎。中時新聞網。https://reurl.cc/Y0WDMx
- ‧ 資誠聯合會計師事務所（2021）。2021 臺灣企業領袖調查報告。https://reurl.cc/ZWGMDg
- ‧ 洪銘德，〈臺灣緊急應變機制及其運作〉，收錄於劉蕭翔、洪銘德主編，《他山之石：各國緊急應變機制》，2022 年》（台北：國防安全研究院），頁 139-174。
- ‧ Dupont, "Sustainability Report 2023," Dupont, 2023, https://reurl.cc/Ge9E0d.8 月 9 日，https://reurl.cc/RzOqkx
- ‧ Dupont. (n.d.). innovate now. Retrieved August 9, 2023, from https://www.dupont.com/about/sustainability/our-goals.html
- ‧ Dilley, M., etc. (2005). Natural Disaster Hotspots: A Global Risk Analysis . World Bank Publications.
- ‧ World Economic Forum (2021, January 19). The Global Risks Report 2021 (16th Edition). https://www3.weforum.org/docs/WEF_The_Global_Risks_Report_2021.pdf

SDG 12：負責任的生產與消費

- ‧ 台灣積體電路製造股份有限公司（2022 年 06 月）。台積公司 110 年度永續報告書。https://esg.tsmc.com/download/file/2021_sustainabilityReport/chinese/c-all.pdf
- ‧ 科技新報／ Pin（2023 年 04 月 27 日）。台灣面臨缺水缺電危機，循環經濟成為解方嗎？為何企業爭相投入？。今周刊。https://esg.businesstoday.com.tw/article/category/180696/post/202304270008
- ‧ 台積電（無日期）。責任供應鏈：供應商永續管理。2023 年 11 月 13 日，取自 https://esg.tsmc.com/ch/focus/responsibleSupplyChain/sustainabilityManagement.html
- ‧ 余至浩（2022 年 07 月 13 日）。華碩打造永續供應鏈平臺，改採系統化管理和評估關鍵供應商永續風險程度。iThome。https://www.ithome.com.tw/news/151923
- ‧ 華碩電腦（2020 年 06 月）。2019 華碩電腦企業社會責任報告書。華碩永續網站。https://csr.asus.com/english/file/ASUS_Detailed_2019_CHN.pdf
- ‧ 華碩電腦（無日期）。責任製造。華碩永續網站。2023 年 11 月 13 日，取自 https://csr.asus.com/responsible-manufacturing
- ‧ 華碩電腦（2022 年 06 月）。2021 華碩電腦永續報告書。華碩永續網站。https://csr.asus.com/english/file/ASUS_Detailed_2021_CHN.pdf
- ‧ 華碩電腦（2020 年 06 月 02 日）。強化營運資安防護 華碩取得 ISO 27001 資訊安全驗證。https://www.asus.com/tw/news/uerci6mhfyddtfcq/
- ‧ 華碩電腦（2022 年 07 月 05 日）。華碩永續報告書 超前接軌國際。https://www.asus.com/tw/news/xbv7sxsylj7omt6n/
- ‧ 孫文臨（2021 年 10 月 05 日）。華碩宣布加入 RE100 承諾 2035 年全球據點 100% 使用再生能源。環境資訊中心。https://e-info.org.tw/node/232421
- ‧ 11. YouBike 微笑單車（無日期）。認識 YouBike。2023 年 11 月 13 日，取自 https://www.youbike.com.tw/region/i/about-youbike/
- ‧ 王芓諭（2022 年 08 月 22 日）。新北 YouBike 將破 2 億騎乘人次 朝綠能環保減碳邁進。國立教育廣播電台。https://www.ner.gov.tw/news/6302f688f93bcf00087f62aa
- ‧ 微程式資訊（無日期）。公共自行車 YouBike。2023 年 11 月 13 日，取自 https://www.program.com.tw/success/transportation/category/youbikeSD

SDG 13：氣候行動

- ‧ 台灣水泥（無日期）。 全面氣候承諾 - 2050 年碳中和 台泥是堅定先行者。2023 年 05 月 15 日，取自 https://www.taiwancement.com/tw/csr0-6.html
- ‧ 胡華勝（2022，08 月 23 日）。台泥轉型能源企業，七大策略拚淨零 。ESG 遠見。https://esg.gvm.com.tw/article/10962
- ‧ 綠色生活 21 天（無日期）。21 天，一起養成綠色原子習慣。2023 年 11 月 08 日，取自 https://21daysofgreen.greenvines.com.tw
- ‧ 綠藤生機（2021，11 月 11 日）。11/11 這天，綠藤官網收入全捐給地球！宣告「2025 可信淨零」承諾。綠藤生機。https://blog.greenvines.com.tw/greenvines-stories/gv-targets-credible-net-zero-by-2025
- ‧ 綠藤生機（2023，04 月 01 日）。第七屆「綠色生活 21 天」正式開跑！綠藤生機串連百家企業組織，共同實踐 10 萬個綠色行動。CSR@ 天下。https://csr.cw.com.tw/article/43096

SDG 14：水下生命

- 王茜穎（2020 年 02 月 12 日）。愛迪達用海洋塑膠垃圾做運動鞋 一雙 6 千元消費者買單嗎。天下雜誌。https://www.cw.com.tw/article/5098964?template=fashion
- 李水蓮（2020 年 10 月 13 日）。遠東新世紀 捍衛海洋環境 與 adidas 及海洋環保組織共同合作「海洋回收紗專案」。工商時報。https://readers.ctee.com.tw/cm/20201013/a71asa1/1087735/share
- 童心怡（2023 年 09 月 12 日）。喝杯噶瑪蘭族的 58 度！以有機海稻米與傳統釀法製作的友善蒸餾米酒。鏡周刊。https://www.mirrormedia.mg/story/20221028wine002
- 陽明海運（2022 年 05 月 13 日）。陽明海運致力於海洋生態保護 連續獲保護藍鯨船舶減速計畫認可。https://esg.yangming.com/news-detail/76/
- 鄧凱元（2016 年 10 月 27 日）。世界首雙海洋垃圾回收鞋材 原來在桃園觀音製造。天下雜誌。https://www.cw.com.tw/article/5079044?template=transformers
- 謝易晏（2023 年 04 月 25 日）。陽明海運湛鬥機 開創海洋永續。Yahoo 奇摩新聞。https://reurl.cc/Ov1LgX

SDG 15：陸域生態

- 社團法人中華民國荒野保護協會（無日期）。2023 年筏子溪溪流環境教育推廣 2023 年 3 月 -2024 年 3 月。2023 年 05 月 15 日，取自 https://www.sow.org.tw/civicrm/event/info?reset=1&id=11163
- 社團法人中華民國荒野保護協會（無日期）。推廣邀約。2023 年 05 月 15 日，取自 https://www.sow.org.tw/contact/promotion
- 富邦金控（無日期）。Run For Green 跑一步 永續多一步。2023 年 05 月 15 日，取自 https://r4g.bravelog.tw/

SDG 16：和平正義與有力的制度

- Panasonic（無日期）。台灣 Panasonic 集團 2021 永續報告書。Panasonic 企業永續專區。2023 年 05 月 05 日，取自 http://www.panasonic.com.tw/csr
- 信義房屋（無日期）。2021 信義房屋 SDGs 報告書。信義永續網。2023 年 05 月 05 日，取自 https://csr.sinyi.com.tw/index.php

SDG 17：夥伴關係

- 1095，文史工作室（無日期）。1095 文史工作室。2023 年 05 月 05 日，取自 https://mandymo0518.wixsite.com/mysite-5
- 1095 文史工作室。（無日期）。打造一個有意義的小旅行。青年迴響計畫。2023 年 05 月 15 日，取自 http://www.rethinktaiwan.com/universe/6
- 何則文（2018，05 月 15 日）。「1095，」——移工三年，故事未了。換日線。 https://www.books.com.tw/products/E060004707)
- 林毓芳、劉思岑（2019，04 月 12 日）。讓台灣成為移工的第二個家：從伸出援手到攜手共創，「1095 文史工作室」以同理心陪伴新住民。社企流。https://www.seinsights.asia/article/6215
- 財團法人國際合作發展基金會（2022 年 4 月）。2021 年報。https://www.icdf.org.tw/2021Book/c/index.html#p=I
- 財團法人國際合作發展基金會（無日期）。認識國合會。2023 年 05 月 17 日，取自 https://www.icdf.org.tw/wSite/ct?xItem=2293&ctNode=31098&mp=1&gclid=Cj0KCQjwla-hBhD7ARIsAM9tQKuWKnME7OSn1-bqozk2rZVRUF0qrzhLX_FdKVnXs9Pa3uSeHebIdB0aAt9gEALw_wcB

永瑞實業：

- 永瑞實業（2024，2 月 3 日）。DGM │ 智能回收廢食用油機台。https://www.dgm-tw.com/
- 永瑞實業（2023，11 月 28 日）。《業界首度跨境合作》永瑞實業廣佈「城市油田」幫全球航空業加油 組亞洲廢食用油跨境聯盟 催出 SAF 永續航空燃油料源。https://www.dgm-tw.com/blog-posts-tw/blog-tw-32。
- 楊家彥（2024，1 月 16 日）。【變革行動家】智慧回收廢食用油，打造永續循環與人本社會 專訪永瑞實業林修安。樹冠。https://canopi.tw/circular-economy/dgm/
- 民視新聞網 Formosa TV News network（2023，11 月 27 日）。跨境 " 廢食用油聯盟 " 成立！力拚 2050 年淨零碳排－民視新聞〔影片〕。YouTube。https://youtu.be/y1rfn0IwvVw?si=tysKpCfn4g0QfClA

GC 贈物網：

- GC 贈物網（無日期）。GC 傳媒。2023 年 07 月 10 日，取自 https://www.give-circle.com/stories?page=2

蜻蜓石：

- 石正人、孫沛芬（2022）。蜻蜓石：擁抱生態農場的幸福民宿。新自然主義。
- 蜻蜓石民宿（無日期）。媒體報導。2023 年 07 月 10 日，取自 http://www.stonbo.com.tw/report.htm
- 微笑臺灣（無日期）。宜蘭頭城「蜻蜓石有機生態農場」，走進昆蟲教授的理想家園，體驗無敵美景田園生活。2023 年 07 月 10 日，取自 https://smiletaiwan.cw.com.tw/article/5420

島內散步：

- 高穎婕（2022，06 月 07 日）。島內散步十週年首發永續報告書，集邀企業地方共創五大永續實踐〉。島內散步。https://walkin.tw/blog/1008
- 島內散步（無日期）。客製永續旅行。2023 年 07 月 13 日，取自 http://tinyurl.com/yrlqnf3u

我們想要的未來⑥ SDGs 聯合國永續發展目標台灣實踐案例

ESG／永續報告的內涵與行動教材

國家圖書館出版品預行編目資料

我們想要的未來⑥ SDGs 聯合國永續發展
目標台灣實踐案例／何昕家、杜嘉玲、周
芳怡、尚君璽、洪銘德、馬嘉賢、高秋香、
張凱銘、陳鳳涵、游曉薇、舒玉、黃天麒、
鄭岳和、樹冠影響力投資、蕭戎等著
-- 初版 . --- 臺北市：幸福綠光，2024.04
面；　公分
ISBN　　978-626-7254-26-4（平裝）
1. 教育 2. 永續發展 3. 臺灣
541.43　　　　　　　　　112012426

主　　編：何昕家
作　　者：何昕家、杜嘉玲、周芳怡、尚君璽、
　　　　　洪銘德、馬嘉賢、高秋香、張凱銘、
　　　　　陳鳳涵、游曉薇、舒　玉、黃天麒、
　　　　　鄭岳和、樹冠影響力投資、蕭　戎

封面設計：盧穎作
美術設計：參柒設計
特約編輯：謝杏仁

社　　長：洪美華
總 編 輯：莊佩璇
責任編輯：何青晏、何　喬、陳亮妘
照片提供：生態綠、舊鞋救命國際基督關懷協會、卡維
蘭、台灣全民食物銀行協會、WaCARE、小鬱亂入、
龍騰文化、康軒文教、台灣性別平等教育協會、中鋼公
司、中油公司、蘆荻社區大學、陽光伏特家、東非咖啡、
漢光果菜生產合作社、55688 集團、上銀科技、伯拉多
共生照顧勞動合作社、One-Forty、台灣高鐵、台積
公司、YouBike 微笑單車、宏碁集團、台泥公司、綠
藤生機、友信行、遠東新世紀、陽明海運、富邦人壽、
荒野保護協會、信義房屋、台灣松下電器、壹零玖伍移
民工文化協會、財團法人國際合作發展基金會、永瑞實
業、GC 贈物網、幸福綠光出版社、島內散步
出　　版：幸福綠光股份有限公司
地　　址：台北市杭州南路一段 63 號 9 樓之 1
電　　話：(02)23925338
傳　　真：(02)23925380
網　　址：www.thirdnature.com.tw
E-mail：reader@thirdnature.com.tw
印　　製：中原造像股份有限公司
初　　版：2024 年 4 月 22 日
郵撥帳號：50130123 幸福綠光股份有限公司
定　　價：新台幣 450 元（平裝）

本書如有缺頁、破損、倒裝，請寄回更換。
ISBN 978-626-7254-26-4
總經銷：聯合發行股份有限公司

新北市新店區寶橋路 235 巷 6 弄 6 號 2 樓
電話：(02)29178022 傳真：(02)29156275